高等职业教育财务会计类富媒体智能型·项目化系列教材

U0791941

企业财务会计

习题与实训（第二版）

QIYE CAIWU KUAIJI

XITI YU SHIXUN

张珺 丁增稳 主 编

东北财经大学出版社
Dongbei University of Finance & Economics Press
大连

图书在版编目（CIP）数据

企业财务会计习题与实训 / 张珺，丁增稳主编. —大连：东北财经大学出版社，2023.8

（高等职业教育财务会计类富媒体智能型·项目化系列教材）

ISBN 978-7-5654-5017-4

Ⅰ.企…　Ⅱ.①张… ②丁…　Ⅲ.企业管理-财务会计-高等职业教育-习题集　Ⅳ.F275.2-44

中国国家版本馆CIP数据核字（2023）第197209号

东北财经大学出版社出版

（大连市黑石礁尖山街217号　邮政编码　116025）

网　址：http://www.dufep.cn

读者信箱：dufep@dufe.edu.cn

大连天骄彩色印刷有限公司印刷　东北财经大学出版社发行

幅面尺寸：185mm×260mm　字数：309千字　印张：15.5

2023年8月第2版　2023年8月第1次印刷

责任编辑：王天华　周　慧　责任校对：何　群

封面设计：原　皓　版式设计：原　皓

定价：38.00元

教学支持　售后服务　联系电话：（0411）84710309

如有印装质量问题，请联系营销部：（0411）84710711

第二版前言

本书与东北财经大学出版社出版的《企业财务会计（第二版）》教材配套使用。

为了使读者更好地学习和掌握《企业财务会计（第二版）》教材中的知识点和技能点，我们按照主教材的项目特编写了本书。本书每个项目均包括三个部分：

第一部分是知识点、技能点回顾，对本项目涉及的重要的知识点、技能点进行归纳、分析和整理；

第二部分是职业判断能力训练，按照主教材的具体任务设计各类习题，包括单项选择题、多项选择题、判断题，通过职业判断能力训练，可使学生全面掌握财务会计的基本概念、基本理论和基本知识；

第三部分是职业实践能力训练，旨在增强学生会计业务处理能力和职业判断能力，提高学生会计核算技能和综合运用知识的能力。

每部分习题与实训都经过精心设计与选择、科学安排和组织，具有很强的针对性、应用性和技能性。在本书附录中，我们编写了三套模拟试题，便于学生自我检查学习状况。

为了方便教学，本书配有习题与实训的答案，任课教师可以登录东北财经大学出版社网站（http：//www.dufep.cn）免费下载。

本书由青海交通职业技术学院张珺、安徽商贸职业技术学院丁增稳担任主编。在本书的编写过程中，得到了青海交通职业技术学院、安徽商贸职业技术学院和东北财经大学出版社的大力支持，在此一并表示感谢。

本书是按财政部最新修订企业会计准则和财务报告信息要求编写的，我们在对企业会计准则的把握和理解上可能存在不足，习题及参考答案可能存在疏漏，敬请广大读者批评指正，以便我们不断修改完善。

编　者

2023年8月

目　录

项目一

货币资金的核算

第一部分　知识点、技能点回顾

一、库存现金的管理

（一）库存现金的概念

库存现金是指存放在企业会计部门，由出纳员保管，作为日常零星开支用的现款。

（二）现金管理制度

现金管理制度主要包括：（1）现金的使用范围；（2）核定库存现金的限额；（3）严禁擅自坐支现金；（4）现金收支的其他规定。

（三）现金的内部控制

现金的内部控制包括：（1）现金收、支凭证；（2）现金的控制措施；（3）现金收入和支出的控制等。

（四）账户设置

企业应当设置库存现金总账和库存现金日记账，分别进行企业库存现金的总分类核算和序时核算。企业内部各部门周转使用的备用金，通过“其他应收款”或单设“备用金”账户核算，不在本账户核算。

二、库存现金的日常核算

（一）日常业务处理

企业应当设置库存现金总账和库存现金日记账，分别进行企业库存现金的总分类核算和序时核算。库存现金日记账由出纳人员根据记账凭证按照业务发生顺序逐日逐笔登记，每日终了核对账款；月度终了，库存现金日记账的余额应当与库存现金总账的余额核对，做到账账相符。

（二）库存现金的清查

库存现金清查中如果发现现金短款，应通过“待处理财产损溢”科目核算。现金盘亏无法查明原因的，列入“管理费用”科目，无法查明原因的盘盈，列入“营业外收入”科目。

三、银行存款的管理

（一）银行结算管理

银行结算管理包括：（1）银行存款账户管理；（2）银行结算原则；（3）银行结算纪律；（4）银行存款收支控制等。

（二）银行支付结算工具和方式

我国目前使用的银行支付结算工具主要有“三票一卡”，即汇票、本票、支票和信用卡；结算方式包括汇兑、托收承付、委托收款、电子支付等。企业在办理支付结算时，必须使用按中国人民银行统一规定印制的票据凭证和统一规定的结算凭证。

四、银行存款的日常核算

（一）日常业务处理

企业应当设置银行存款总账和银行存款日记账，分别进行银行存款的总分类核算和序时核算。每日终了，应计算银行存款的结余数。“银行存款日记账”应定期与“银行对账单”核对，至少每月核对一次。

（二）银行存款的清查

企业银行存款日记账的账面余额应当与其开户银行转来的对账单进行核对，若双方余额不一致，除记账错误外，双方还可能存在未达账项。如果有差错，先进行错账更正，然后通过编制“银行存款余额调节表”检查是否属于未达账项。编制银行存款余额调节表只是为了核对账目，并不能作为调整银行存款账面余额的记账依据。

五、其他货币资金的内容

其他货币资金是指企业除库存现金、银行存款以外的各种货币资金，主要包括银行汇票存款、银行本票存款、信用卡存款、信用证保证金存款、存出投资款、外埠存款等。

六、其他货币资金的日常核算

企业取得其他货币资金时，借记“其他货币资金”科目，贷记“银行存款”科目；企业使用其他货币资金支付款项时，借记“材料采购”“原材料”“管理费用”等科目，贷记“其他货币资金”科目。如有余款或退回款项时，借记“银行存款”科目，贷记“其他货币资金——××”科目。

企业向证券公司划出资金时，借记“其他货币资金”科目，贷记“银行存款”科目；在证券市场上购买股票、债券等时，借记“交易性金融资产”等科目，贷记“其他货币资金——存出投资款”科目。

第二部分　职业判断能力训练

任务一　库存现金的核算

一、判断题

1. 货币资金按其存放地点和用途不同，分为库存现金、银行存款和其他货币资金。（　）

2. 库存现金的溢余或短缺，在批准前应通过“待处理财产损溢”科目核算。（　）

3. 企业一律不得坐支现金。（　）

4. “库存现金”账户包括企业内部各部门周转使用、由使用部门保管的定额备用金。（　）

5. 出差人员必须随身携带的差旅费限额可以超过1 000元。（　）

6. 库存现金的限额是指为了保证企业日常零星开支需要的最高数额。（　）

7. 服务行业的找零备用金不属于现金限额的范围。（　）

8. 出纳员不得兼管收入、费用、债权、债务等账簿的登记及会计稽核和会计档案工作。（　）

9. 每日终了，库存现金日记账的余额应当与库存现金总账的余额核对，做到账账相符。（　　）

10. 每日终了，出纳员应当将当日的全部经济业务记入库存现金日记账，并结出余额，与实存现金相核对。（　　）

11. 库存现金日记账属于序时账，应按照经济业务发生顺序逐日逐笔登记。（　　）

12. 清查小组在清查库存现金时，出纳人员不必在场，应该回避。（　　）

13. 属于无法查明原因现金盈余的，经批准列入“营业外收入”科目。（　　）

二、单项选择题

1.下列各项不属于货币资金的是（　　）。

A.库存现金　　B.银行存款

C.其他货币资金　　D.备用金

2.根据《现金管理暂行条例》的规定，下列允许企业支付现金的是（　　）。

A.支付职工工资　　B.缴纳税款

C.支付银行手续费　　D.购买生产物资

3.现金的限额是由企业开户银行根据企业的实际需要核定的，一般不得超过本单位（　　）正常零星开支需要量。

A.1天　　B.3～5天

C.5～10天　　D.10～15天

4.企业内部各部门周转使用的备用金，应该通过（　　）科目核算。

A.“库存现金”　　B.“银行存款”

C.“预付账款”　　D.“其他应收款”

5.将现金存入银行，该笔经济业务应编制的记账凭证为（　　）。

A.现金收款凭证　　B.现金付款凭证

C.银行存款收款凭证　　D.银行存款付款凭证

6.盘亏库存现金属于无法查明原因的，应该列入（　　）。

A.管理费用　　B.营业外支出

C.财务费用　　D.其他应收款

7.属于无法查明原因现金盈余的，经批准列入（　　）。

A.管理费用　　B.营业外支出

C.营业外收入　　D.其他应付款

8.库存现金的清查一般采用（　　）。

A.技术推算盘点法　　B.实地盘点法

C.函证法　　D.差数法

三、多项选择题

1.根据《现金管理暂行条例》的规定，下列允许企业支付现金的有（　　）。

A. 支付职工工资200 000元　　B.出差人员随身携带的差旅费900元

C. 用现金1 000元收购农副产品　　D.用现金5 000元购入原材料

2.下列各项关于库存现金限额表述正确的有（　　）。

A. 现金的限额是为了保证企业日常零星开支的需要

B. 现金的限额是银行允许单位留存现金的最高数额

C. 现金的限额是由企业开户银行根据企业的实际需要核定的

D. 超过现金限额的部分应于当日终了前送存银行

3. 下列各项中，属于现金控制措施的有（　　）。

A. 建立内部牵制制度　　B. 建立审核和签证制度

C. 建立收据和发票的领用制度　　D. 建立定期核对账目和盘点制度

4. 根据钱账分管的内部牵制制度要求，出纳人员不得从事的会计工作有（　　）。

A. 现金的收入和支付

B. 收入、费用、债权、债务等账簿的登记

C. 会计稽核和会计档案工作

D. 库存现金日记账的登记

5. 唐浩出差归来，实际报销差旅费4 120元，退回现金880元，出纳人员应编制的记账凭证有（　　）。

A. 现金付款凭证　　B. 现金收款凭证

C. 银行存款付款凭证　　D. 转账凭证

6. 企业支付现金时，可能出现的借方科目有（　　）。

A. “材料采购”　　B. “管理费用”

C. “其他应收款”　　D. “主营业务收入”

7. 如果库存现金盘盈，经批准处理时可能出现的贷方科目有（　　）。

A. “其他应付款”　　B. “管理费用”

C. “其他应收款”　　D. “营业外收入”

任务二　银行存款的核算

一、判断题

1. 企业职工工资、奖金等现金的支取，只能通过其在银行开立的基本存款账户办理。（　　）

2. 企业当日收到的销货款可以直接用于购买办公用品。（　　）

3. 企业的出纳人员负责银行存款的收、支业务，签发支票，登记银行存款日记账和银行存款总账。（　　）

4. 划线支票只能用于转账，不得支取现金。（　　）

5. 银行汇票持票人向银行提示付款的，必须同时提交银行汇票和解讫通知。（　　）

6. 企业申请使用银行承兑汇票时，应向其承兑银行按票面金额的千分之五缴纳手续费。（　　）

7. 收款人在办妥委托收款手续时确认销售收入。（　　）

8. 代销、寄销、赊销商品的款项，不得办理托收承付结算。（　　）

9. 单位信用卡不得用于10万元以上的商品交易、劳务供应款的结算，但可以提取少量现金。（　　）

10. 银行汇票是指银行签发的，承诺自己在见票时无条件支付确定的金额给收款人或持票人的票据。（　　）

11. “银行存款日记账”应定期与“银行对账单”核对，至少每月核对一次。（　　）

12. 银行存款余额调节表可以作为调整银行存款账面余额的记账依据。（　　）

13. 调节后的存款余额即为企业可以动用的实际存款额。（　　）

14. 企业已收款入账、银行尚未收款入账的未达账项，应该调增企业银行存款日记账余额。（　　）

15. 出纳人员应该每日终了计算银行存款的结余数。（　　）

二、单项选择题

1. 单位银行结算账户的存款人只能在银行开立一个（　　）。

A. 基本存款账户　　B. 一般存款账户

C. 临时存款账户　　D. 专用存款账户

2. 下列各项中，不属于银行转账结算工具的是（　　）。

A. 汇票　　B. 支票　　C. 信用卡　　D. 委托收款

3. 银行汇票的提示付款期为自出票日起（　　）。

A.1个月　　B.2个月　　C.3个月　　D.6个月

4. 下列银行转账结算工具或支付结算方式中，需签订购销合同才能使用的是（　　）。

A. 银行汇票　　B. 银行本票　　C. 托收承付　　D. 支票

5. 企业向其开户银行申请办理银行承兑汇票时支付的承兑手续费，应借记（　　）科目。

A. “管理费用”　　B. “财务费用”

C. “销售费用”　　D. “其他业务成本”

6. 对于银行已经入账而企业尚未入账的未达账项，企业正确的处理方法是（　　）。

A. 根据“银行对账单”记录的金额编制记账凭证

B. 根据编制的“银行存款余额调节表”编制记账凭证入账

C. 根据“银行存款余额调节表”和“银行对账单”编制记账凭证入账

D. 待有关结算凭证到达后入账

7. 从银行提取现金，该笔经济业务应编制的记账凭证为（　　）。

A. 现金收款凭证　　B. 现金付款凭证

C. 银行存款收款凭证　　D. 银行存款付款凭证

8. “银行存款日记账”与“银行对账单”核对，应该（　　）。

A. 每日核对一次　　B. 每月核对一次

C. 至少每月核对一次　　D. 每季核对一次

9. 经过“银行存款余额调节表”调节平衡的余额称为（　　）。

A. 银行存款日记账余额　　B. 银行对账单余额

C. 银行可动用的实际存款额　　D. 企业可动用的实际存款额

三、多项选择题

1.下列支票中，可以支取现金的有（　　）。

A.现金支票　B.转账支票　C.普通支票　D.划线支票

2.下列各项中，不属于银行支付工具的有（　　）。

A.汇兑　B.托收承付　C.银行本票　D.委托收款

3.根据《银行结算账户管理办法》的规定，企业可以开设的银行结算账户有（　　）。

A.基本存款账户　B.一般存款账户

C.专用存款账户　D.临时存款账户

4.商业汇票的承兑人可能包括（　　）。

A.购货单位　B.购货单位的开户银行

C.销货单位　D.销货单位的开户银行

5.下列票据可以背书转让的有（　　）。

A.现金支票　B.转账支票　C.商业汇票　D.银行本票

6.下列结算方式中，可用于异地结算的有（　　）。

A.委托收款　B.银行本票　C.银行汇票　D.商业汇票

7.下列结算方式中，可用于同城和异地结算的有（　　）。

A.委托收款　B.支票　C.托收承付　D.商业汇票

8.根据《银行结算账户管理办法》的规定，可以提取现金的票据有（　　）。

A.支票　B.银行本票　C.商业汇票　D.银行汇票

9.下列各项中，使得企业银行存款日记账余额小于银行对账单余额的有（　　）。

A. 企业开出支票，银行尚未收到

B. 银行误将其他公司的存款记入本企业“银行存款”账户

C. 银行代扣水电费

D. 银行收到委托收款结算方式下结算款项，企业尚未收到通知

10.在银行存款余额调节表中，不调整银行对账单余额的项目有（　　）。

A. 企业已收款入账，而银行尚未收款入账

B. 企业已付款入账，而银行尚未付款入账

C. 银行已收款入账，而企业尚未收款入账

D. 银行已付款入账，而企业尚未付款入账

11.企业“银行存款日记账”与“银行对账单”余额不相等的原因可能有（　　）。

A.银行记账错误　B.企业记账错误

C.未达账项　D.以上同时存在

12.可以作为企业“银行存款日记账”明细科目的有（　　）。

A.开户银行　B.其他金融机构

C.供应商或客户　D.存款种类

任务三　其他货币资金的核算

一、判断题

1. 企业因销售产品而收到的由购买方签发支付的银行汇票应通过“其他货币资金”科目核算。（　　）

2. 其他货币资金是指企业除库存现金、银行存款以外的各种货币资金。（　　）

3. 存出投资款是指企业为了到外地进行临时或零星采购，而汇往采购地银行开立采购专户的款项。（　　）

二、单项选择题

1.下列结算工具中，不通过“其他货币资金”科目核算的是（　　）。

A.银行汇票　B.商业汇票　C.银行本票　D.信用卡

2.企业为了到外地进行临时或零星采购，而汇往采购地银行开立采购专户的款项称为（　　）。

A.银行汇票存款　B.外埠存款

C.银行本票存款　D.存出投资款

3.企业因销售商品而收到银行本票及进账单时，应借记的会计科目是（　　）。

A.“其他货币资金”　B.“银行存款”

C.“应收票据”　D.“应收账款”

三、多项选择题

1.下列各项中，属于其他货币资金的有（　　）。

A.银行汇票存款　B.银行存款

C.银行本票存款　D.存出投资款

2.企业用银行汇票采购商品物资涉及的会计科目有（　　）。

A.“应收票据”　B.“其他货币资金”

C.“原材料”　D.“应交税费”

3.下列各项中，可以用来购物、消费的有（　　）。

A.银行汇票存款　B.信用卡存款

C.外埠存款　D.存出投资款

第三部分　职业实践能力训练

实训一

目的：实训库存现金和银行存款的核算

资料：A公司3月1日库存现金余额1 000元，银行存款余额260 000元。本月发生如下经济业务：

（1）开出现金支票向银行提取现金2 000元备用。

（2）采购员王明报销差旅费1 500元，经批准予以报销，以现金500元补足差额（原借款1 000元）。

（3）收到买方交来归还货款的转账支票8 000元，出纳已将该支票送存银行。

（4）购入材料一批，取得的增值税专用发票上注明价款30 000元，增值税3 900元，采用汇兑结算方式支付货款，材料已验收入库。

（5）开出现金支票从银行提取现金180 000元备发工资。

（6）以现金支付职工工资180 000元。

（7）销售产品一批，价款40 000元，增值税5 200元。价款已经收到，并存入银行。

（8）收到转账支票一张6 000元，系保险公司支付的赔款。

（9）企业用现金支付租入设备保证金800元。

（10）以银行存款缴纳职工基本养老保险30 000元。

要求：

（1）根据资料，逐题编写会计分录（或编制记账凭证）。

（2）开设“库存现金日记账”和“银行存款日记账”，并登记日记账。

实训二

目的：实训库存现金清查的核算

资料：某企业月末库存现金的清查业务如下：

（1）在现金清查中发现库存现金溢余150元。

（2）经核查，盘盈现金中100元系少付张浩的补助款，其余现金溢余原因不明，批准列入收入。

（3）在现金清查中发现现金短少605元，原因不明。

（4）经核查，其中600元属出纳员私自借款，已经收回；其余5元无法查明原因，批准转账。

要求：根据上述资料，分别作现金清查的相关会计分录。

实训三

目的：实训银行存款清查的核算

资料：某企业6月29日银行存款日记账余额为13 505元，6月30日发生下列银行存款的收付业务：

（1）以银行存款2 000元支付购入材料运费。

（2）收到应收账款20 000元，存入银行。

（3）从银行提取现金4 000元备用。

（4）以银行存款18 984元支付甲材料价款16 800元，增值税2 184元。

（5）以银行存款8 023元支付购买乙材料款7 100元，增值税923元。

（6）销售产品一批，货款14 000元，增值税1 820元，存入银行，共计15 820元。

（7）以银行存款支付机器修理费188元。

6月30日企业取得的银行对账单见表1-1。

表1-1　　银行对账单　　单位：元

时间	摘要	结算凭证号	存入	支出	余额
6月29日	余额				13 505
6月30日	转账收入	略	20 000		33 505
6月30日	支出	略		4 000	29 505
6月30日	代付电话费	略		1 560	27 945
6月30日	购买甲材料	略		18 498	9 447
6月30日	消费支出	略		200	9 247
6月30日	存款利息	略	2 454		11 701
6月30日	代收货款	略	5 940		17 641
6月30日	支出	略		8 023	9 618

要求：

（1）登记银行存款日记账（见表1-2），并结出6月30日账面余额。

表1-2　　银行存款日记账　　单位：元

日期	摘要	对应科目	收入（借方）	支出（贷方）	余额

（2）逐笔勾对，查找未达账项；如有错账，应该如何处理？

（3）编制6月30日银行存款余额调节表（见表1-3）。

表1-3　　银行存款余额调节表　　单位：元

企业银行存款日记账	金　额	银行对账单	金　额

续表

企业银行存款日记账	金　额	银行对账单	金　额

实训四

目的：实训其他货币资金的核算

资料：甲企业本月发生下列有关其他货币资金的经济业务：

（1）企业向其开户银行申请办理银行汇票70 000元，已办妥相关手续，采购员李清持票到外地采购。

（2）企业购入材料一批，取得的增值税专用发票上注明价款20 000元，增值税2 600元，材料已验收入库，款项以企业外埠存款支付。

（3）企业用信用卡支付办公用品费3 000元。

（4）采购员李清交来购入材料取得的增值税专用发票，价款60 000元，增值税7 800元，材料尚未验收入库，款项以银行汇票结算，余款转回企业基本存款账户。

（5）企业向证券公司指定银行存入5 000 000元，开立投资账户，准备购买股票。

要求：根据资料，逐题编制会计分录。

实训五

目的：实训银行存款清查的核算

资料：（1）甲公司2023年12月份发生与银行存款有关的业务如下：

① 12月28日，甲公司收到A公司开出的480万元转账支票，交存银行。该笔款项系A公司违约支付的赔款，甲公司将其计入当期损益。

② 12月29日，甲公司开出转账支票支付B公司咨询费360万元，并于当日交给B公司。

（2）12月31日，甲公司银行存款日记账余额为432万元，银行转来对账单余额为664万元。经逐笔核对，发现以下未达账项：

① 甲公司已将12月28日收到的A公司赔款登记入账，但银行尚未记账。

② B公司尚未将12月29日收到的支票送存银行。

③ 甲公司委托银行代收C公司购货款384万元，银行已于12月30日收妥并登记入账，但甲公司尚未收到收款通知。

④ 12月份甲公司发生借款利息32万元，银行已减少其存款，但甲公司尚未收到银行的付款通知。

要求：

（1）编制甲公司上述业务（1）的会计分录。（答案中的金额单位用万元表示）

（2）根据上述资料编制甲公司银行存款余额调节表（见表1-4）。

表1-4　银行存款余额调节表

年　月　日　　　　单位：万元

项　目	金　额	项　目	金　额
银行存款日记账余额		银行对账单余额	
加：银行已收，企业未收款		加：企业已收、银行未收款	
减：银行已付、企业未付款		减：企业已付、银行未付款	
调节后余额		调节后余额	

项目二

存货的核算

第一部分 知识点、技能点回顾

一、存货的基本知识

（一）存货的概念

存货是指企业在日常活动中持有以备出售的产成品或商品、处在生产过程中的在产品、在生产过程或提供劳务过程中耗用的材料和物料等，包括各类材料、在产品、半成品、产成品、商品以及包装物、低值易耗品等。

（二）存货的确认条件

某个项目要确认为存货，首先要符合存货的定义，然后还应符合存货确认的两个条件：（1）与该存货有关的经济利益很可能流入企业；（2）该存货的成本能够可靠计量。

（三）存货初始成本的确定

存货应当按照成本进行初始计量。这里的“成本”包括采购成本、加工成本和其他成本。

（1）存货的采购成本，包括购买价款、相关税费、运输费、装卸费、保险费以及其他可归属于存货采购成本的费用。

（2）存货的加工成本，是指在存货的加工过程中所发生的追加费用，包括直接人工以及按照一定方法分配的制造费用。

（3）存货的其他成本，是指除采购成本、加工成本以外的，使存货达到目前场所和状态所发生的其他支出。

二、原材料的核算

（一）实际成本法

原材料按实际成本核算，是指企业对原材料的收入、发出和结存，无论是明细分类核算还是总分类核算，全部按实际成本计价。在实际成本核算法下，企业一般应设置“在途物资”“原材料”等科目进行核算。

1. 采购商品物资

企业采购原材料时，借记“原材料”“在途物资”“应交税费——应交增值税（进项税额）”等科目，贷记“银行存款”“应付票据”“预付账款”等科目；材料验收入库时，借记“原材料”科目，贷记“在途物资”科目。若购入物资发生溢余、短缺、毁损，先通过“待处理财产损溢”科目核算，待查明原因时，分别情况处理。

2. 发出原材料的计价方法

发出存货实际成本的确定，可以由企业根据各类存货的实际流转方式、企业管理要求、存货性质等实际情况，从先进先出法、加权平均法和个别计价法等方法中选择。每家企业在一个会计年度内一般只能采用一种方法，不得随意变更。

企业领用原材料，按上述方法计算的实际成本，借记“生产成本”“制造费用”“销售费用”“管理费用”“合同履约成本”“研发支出”“在建工程”等科目，贷记“原材料”科目。

（二）计划成本法

计划成本核算法是指存货的日常收发及结存，无论总分类核算还是明细分类核算，均按照计划成本进行计价的方法。在计划成本法下，应设置“材料采购”、“原材料”和“材料成本差异”等科目进行核算。

1.采购商品物资

企业采购原材料时，借记“材料采购”“应交税费——应交增值税（进项税额）”等科目，贷记“银行存款”“应付票据”“预付账款”等科目。材料验收入库时，借记“原材料”科目，贷记“材料采购”科目。平时或月末计算结转材料成本差异时，若为超支差异，借记“材料成本差异”科目，贷记“材料采购”科目；若为节约差异，编制反方向会计分录。

2.月末分摊材料成本差异

企业必须按月计算材料成本差异率，并分摊发出材料应负担的材料成本差异，将发出材料的计划成本还原成实际成本。

三、其他存货的概念和内容

（一）周转材料的概念和内容

周转材料是指企业能够多次使用、不符合固定资产定义，逐渐转移其价值但仍保持原有形态的材料物品，包括包装物、低值易耗品，以及建造承包商使用的钢模板、木模板、脚手架等。

（二）委托加工物资的概念和内容

委托加工物资是指企业委托外单位加工成新的材料或周转材料等。委托单位加工的成本包括：实际耗用的原材料或者半成品成本、加工费、往返运杂费及按规定应计入成本的税金。

（三）库存商品的概念及内容

库存商品是指企业已完成全部生产过程并已验收入库、合乎标准规格和技术条件，可以按照合同规定的条件送交订货单位，或可以作为商品对外销售的产品以及外购或委托加工完成验收入库用于销售的各种商品。

四、其他存货的核算

（一）周转材料的核算

周转材料的核算难点是出租和出借包装物的核算。

企业出租或出借包装物时，收取押金时记入“其他应付款”科目；按约定收取的包装物租金应记入“其他业务收入”科目；出租或出借包装物的摊销可以采用一次转销法或分次摊销法；出租或出借包装物的维修费用一般记入“其他业务成本”“销售费用”等科目。

（二）委托加工物资的核算

委托加工业务，在会计处理上主要包括发出物资、支付有关费用、支付税金和收回加工物资等四个环节。

（三）库存商品的核算

当库存商品生产完成并验收入库时，应按实际成本，借记“库存商品”科目，贷记

“生产成本——基本生产成本”科目。

采用实际成本核算的，应按先进先出法、加权平均法或个别计价法计算确定本期产品销售成本总额，记入“主营业务成本”科目；商品流通企业发出商品成本的核算，除采用上述方法外，通常采用毛利率法和售价金额核算法。

五、存货清查和减值的核算

（一）存货清查的核算

在财产清查中，如果发现存货盘盈、盘亏和毁损等情况，应先通过“待处理财产损溢”科目核算，并在期末结账前处理完毕，期末处理后，“待处理财产损溢”科目应无余额。

（二）存货减值的核算

会计期末，存货应当按照成本与可变现净值孰低计量。如果成本高于可变现净值，应计提存货跌价准备，并相应减少存货的账面价值。以前减记存货价值的影响因素已经消失的，减记的金额应当予以恢复，并在已计提的存货跌价准备金额内转回，转回的金额计入当期损益。

第二部分　职业判断能力训练

任务一　存货的确认和计量

一、判断题

1. 企业为建造固定资产等各项工程而储备的各种材料也属于企业的存货。（　　）

2. 在途存货是指货款已经支付、正在运输途中的存货。（　　）

3. 通常，存货的所有权是存货包含的经济利益很可能流入企业的一个主要标志。（　　）

4. 如果存货成本不能可靠计量，则不能确认为一项存货。（　　）

5. 存货的购买价款是指企业购入的材料或商品的发票账单上列明的价款，但不包括按规定可以抵扣的增值税税额。（　　）

6. 运输途中的合理损耗，是指商品在运输过程中发生的自然的或可避免的损耗。（　　）

7. 商品流通企业采购商品的进货费用金额较小的，可以在发生时直接计入当期损益。（　　）

8. 工业企业设计产品发生的设计费用通常计入当期损益。（　　）

二、单项选择题

1. 甲工业企业为增值税小规模纳税人。本月外购原材料一批，价格为10 000元，增值税为1 300元，入库前发生的挑选整理费为500元。该批原材料的入账价值为（　　）元。

A.10 000　　B.11 300　　C.10 500　　D.11 800

2.某企业为增值税小规模纳税企业。该企业购入甲材料600千克，每千克含税单价为50元，发生的运杂费为2 400元，运输途中发生合理损耗10千克，入库前发生的挑选整理费用为180元。该批甲材料的单位成本为（　　）元。

A.50　　B.50.30　　C.54　　D.55.22

3.乙企业为增值税一般纳税人。本月外购原材料一批，价格为22 000元，增值税为2 860元，发生运杂费800元，增值税72元，入库前发生挑选整理费300元。该批原材料的入账价值为（　）元。

A.22 000　　B.24 860　　C.23 100　　D.23 172

4.下列各项支出中，一般纳税企业不计入存货成本的是（　　）。

A.购入存货时发生的增值税进项税额　　B.入库前的挑选整理费用

C.购买材料而发生的定额内合理损耗　　D.购买材料而支付的进口关税

5.下列各项中，不属于企业存货的是（　　）。

A.库存商品　　B.在途物资

C.工程物资　　D.委托代销商品

6.下列各项中，不计入存货成本的是（　　）。

A.仓储费用　　B.采购成本

C.运输费　　D.特定客户的设计费用

三、多项选择题

1.下列各项中，在编制资产负债表时应列入“存货”项目的有（　　）。

A.在途物资　　B.发出商品　　C.委托加工物资　　D.生产成本

2.下列各项中，应计入企业外购存货入账价值的有（　　）。

A.存货的购买价格　　B.存货运输途中的合理损耗

C.入库前的挑选整理费用　　D.运输途中的保险费

3.下列各项中，应作为企业存货核算的有（　　）。

A.委托加工物资　　B.周转材料　　C.工程物资　　D.库存商品

4.下列各项中，属于企业周转材料的有（　　）。

A.包装物　　B.低值易耗品

C.工程物资　　D.建筑工程使用的脚手架

5.存货应当按照成本进行初始计量，这里的“成本”包括（　　）。

A.采购成本　　B.产品设计费用

C.加工成本　　D.资本化借款利息

6.下列各项关于商品流通企业进货费用的说法正确的有（　　）。

A. 进货费用应当计入存货采购成本

B. 进货费用可以先进行归集，期末根据所购商品的存销情况进行分摊

C. 进货费用应当设置“库存商品——进货费用”明细科目核算

D. 进货费用金额较小的，可以在发生时直接计入当期损益

任务二　原材料的核算

一、判断题

1. 同一企业的不同原材料，可以按实际成本核算，也可以按计划成本核算。（　　）

2. “在途物资”科目可按供应单位、物资品种和保管地点进行明细核算。（　　）

3. 购入物资发生溢余、短缺、毁损，先通过“待处理财产损溢”科目核算。（　　）

4. 对于不能替代使用的存货通常应当采用个别计价法。（　　）

5. 在物价上涨时期，存货发出采用先进先出法会低估企业当期利润和期末存货价值。（　　）

6. 投资者投入的存货的成本，应当按照投资合同或协议约定的价值确定。（　　）

7. 在实际成本法下，每家企业在一个会计年度内一般只能采用一种存货计价方法，不得随意变更。（　　）

8. 采用先进先出法，使结存存货的成本接近于当前的物价水平。（　　）

9. 企业的存货如采用计划成本核算，会计期末应将计划成本调整为实际成本。（　　）

10. 企业购入存货发生的材料成本节约差异应记入“材料成本差异”科目的借方。（　　）

11. 在计划成本法下，购入的原材料无论是否入库，都要先通过“材料采购”科目进行核算。（　　）

12. 企业购入原材料发生的途中合理损耗计入材料成本差异。（　　）

13. 发出材料应负担的成本差异应当按期（月）分摊，不得在季末或年末一次计算。（　　）

二、单项选择题

1. 为特定项目专门购入或制造的存货通常应当采用（　　）计价方法确定发出存货的成本。

A. 先进先出法　　B. 后进先出法
C. 移动加权平均法　　D. 个别计价法

2. 在物价持续上涨的情况下，下列各种存货计价方法中，使期末存货价值最大的是（　　）。

A. 先进先出法　　B. 个别计价法
C. 月末一次加权平均法　　D. 移动加权平均法

3. 下列各种存货计价方法中，计算工作量最小的方法是（　　）。

A. 先进先出法　　B. 个别计价法
C. 月末一次加权平均法　　D. 移动加权平均法

4. 企业接受投资者投入存货时，其入账价值的依据为（　　）。

A. 有关凭据中标明的金额加相关税费　　B. 同类存货的市场价格
C. 所接受存货的未来现金流量的现值　　D. 投资各方确认的价值

5. 下列各种存货计价方法中，计算的存货发出成本最折中的是（　　）。

A.先进先出法　　B.月末一次加权平均法
C.个别计价法　　D.移动加权平均法

6.下列各种存货计价方法中，不利于加强对存货的管理的方法是（　　）。

A.先进先出法　　B.个别计价法
C.月末一次加权平均法　　D.移动加权平均法

7.某企业月初结存材料的计划成本为30 000元，成本差异为超支200元；本月入库材料的计划成本为70 000元，成本差异为节约700元。当月生产车间领用材料的计划成本为60 000元。当月生产车间领用材料应负担的材料成本差异为（　　）元。

A.-300　　B.300　　C.-540　　D.540

8.某企业采用计划成本进行材料的日常核算。8月初结存材料计划成本为300万元，本月收入材料计划成本为700万元；月初结存材料成本差异为超支2万元，本月收入材料成本差异为节约10万元。本月发出材料计划成本为800万元。本月结存材料的实际成本为（　　）万元。

A.197.6　　B.202.4　　C.201.6　　D.198.4

9.发出材料应负担的成本差异应当按（　　）分摊。

A.周　　B.月度　　C.季度　　D.年度

10.企业外购原材料1 000千克，实际单价12元，发生运杂费800元，入库时短少10千克属于途中合理损耗。该材料的计划单价为10元。则确认的材料成本差异为（　　）。

A.超支2 000元　　B.超支2 800元　　C.超支2 900元　　D.超支2 100元

11.某企业月初结存材料的计划成本为60 000元，成本差异为超支3 200元；本月入库材料的计划成本为140 000元，实际成本为152 000元。本月领用材料的计划成本为160 000元。

（1）领用材料的实际成本为（　　）元。

A.172 160　　B.147 840　　C.43 040　　D.36 960

（2）结存材料的实际成本为（　　）元。

A.172 160　　B.147 840　　C.43 040　　D.36 960

三、多项选择题

1.在实际成本核算法下，原材料核算一般应设置的科目有（　　）。

A.“在途物资”　　B.“原材料”　　C.“材料采购”　　D.“材料成本差异”

2.企业外购原材料时，应借记“原材料”“应交税费——应交增值税（进项税额）”科目，贷记的会计科目有（　　）。

A.“银行存款”　　B.“应付票据”　　C.“预付账款”　　D.“其他货币资金”

3.下列各项属于实际成本法下的存货计价方法的有（　　）。

A.先进先出法　　B.后进先出法
C.移动加权平均法　　D.个别计价法

4.下列各种存货计价方法中，能够随时掌握存货动态，加强存货日常管理的方法有（　　）。

A.先进先出法　　B.个别计价法

C.月末一次加权平均法　　D.移动加权平均法

5.下列各项可以作为发出存货核算的原始凭证的有（　　）。

A.领料单　　B.限额领料单

C.发货单　　D.入库单

6.在采用计划成本法核算存货时，应设置的会计科目有（　　）。

A.“在途物资”　B.“原材料”　C.“材料采购”　D.“材料成本差异”

7.“材料采购”科目的借方反映的内容包括（　　）。

A.购入材料的实际成本　　B.入库材料的计划成本

C.入库材料的超支差异　　D.入库材料的节约差异

8.“材料成本差异”科目的借方反映的内容包括（　　）。

A.入库材料的超支差异　　B.入库材料的节约差异

C.发出材料应负担的超支差异　　D.发出材料应负担的节约差异

任务三　其他存货的核算

一、判断题

1. 工业企业的包装材料和包装物都是为包装本企业产品而储备的材料，都应在“周转材料”科目核算。（　　）

2. 箱包企业生产的箱包也属于周转材料的核算范围。（　　）

3. 周转材料是指企业能够多次使用、不符合固定资产定义，逐渐转移其价值但仍保持原有形态的材料物品。（　　）

4. 五五摊销法是指周转材料在领用时先摊销其价值的一半，在报废时再摊销其价值的另一半的方法。（　　）

5. 随同产品出售不单独计价的包装物在领用时，其成本记入“其他业务成本”科目。（　　）

6. 加工物资收回后直接用于销售的，其所负担的消费税应计入加工物资成本。（　　）

7. 已完成销售手续，但购买单位在月末未提取的产品，不应作为企业的库存商品，而应作为代管商品处理。（　　）

8. 低值易耗品是指单位价值较低，使用年限较短，不能作为库存商品核算的各种用具、设备等。（　　）

9. 外购的包装物、低值易耗品发生的运杂费应该计入采购成本。（　　）

10. 出租或出借包装物是企业的一项其他业务活动。（　　）

11. 企业在出租或出借包装物时向客户收取的一定数额的押金，计入其他应付款。（　　）

12. 企业确认的应由其负担的包装物维修费用等支出列入管理费用。（　　）

13. 商品流通企业采用毛利率法计算本期商品销售成本和期末库存商品成本可以减少工作量，也能满足对存货管理的需要。（　　）

二、单项选择题

1.随同产品出售单独计价的包装物，应按其实际成本，记入（　　）科目。

A.“其他业务成本”　　B.“其他业务收入”

C.“销售费用”　　D.“管理费用”

2.企业的各种包装材料，如纸、绳、铁丝、铁皮等，应在（　　）科目核算。

A.“包装物”　　B.“低值易耗品”

C.“原材料”　　D.“周转材料”

3.下列各项中，不属于周转材料摊销方法的是（　　）。

A.一次摊销法　　B.分次摊销法

C.五五摊销法　　D.实际成本法

4.下列各项中，不应计入委托加工物资成本的是（　　）。

A.发出委托加工材料的计划成本

B.往返运杂费

C.用于连续生产应税消费品支付的消费税

D.支付的加工费

5.下列各项中，不属于库存商品范围的是（　　）。

A.存放在门市部准备出售的商品

B.发出展览的商品

C.为外单位加工修理的代修品

D.已完成销售手续，但购买单位在月末尚未提走的产品

6.企业在出租或出借包装物时向客户收取一定数额的押金应借记“银行存款”科目，贷记（　　）科目。

A.“其他应收款”　　B.“其他应付款”

C.“应付账款”　　D.“预付账款”

7.出租包装物期间，企业按约定收取的租金应记入（　　）科目。

A.“主营业务收入”　　B.“其他业务收入”

C.“营业外收入”　　D.“投资收益”

8.企业确认应由其负担的出借包装物维修费用等支出时，应计入（　　）。

A.销售费用　　B.管理费用

C.其他业务成本　　D.主营业务成本

9.企业委托加工物资发出材料成本60 000元，加工费3 000元，应负担的增值税390元，应负担的消费税7 000元，往返运杂费1 000元。加工物资收回后直接用于销售。则收回后委托加工物资的成本为（　　）元。

A.63 000　　B.63 390　　C.70 390　　D.71 000

10.企业没收的包装物押金应记入（　　）科目。

A.“主营业务收入”　　B.“其他业务收入”

C.“营业外收入”　　D.“银行存款”

11.某百货超市年初库存商品的成本为28万元，售价金额为35万元；当年购入商品

的成本为20万元，售价金额为25万元；当年实现的销售收入为42万元。在采用售价金额核算法的情况下，该超市年末库存商品的成本为（　　）万元。

A.18　　B.14.4　　C.12　　D.9.6

12.某企业采用毛利率法对商品的发出和结存进行日常核算。4月份，甲类商品期初库存余额为20万元，本月购进60万元，本月销售收入为92万元，本月销售折让为2万元。上月该类商品毛利率为30%。则4月该类商品月末库存成本为（　）万元。

A.15.6　　B.17　　C.52.4　　D.53

13.某商场采用售价金额核算法对库存商品进行核算。月初售价金额为9万元，商品进销差价3万元；本月购进商品售价金额为11万元，商品进销差价4万元；本月销售商品售价金额为16万元。

（1）该商场月末库存商品的实际成本为（　　）万元。

A.4　　B.2.6　　C.10.4　　D.5.6

（2）该商场本月确认的主营业务成本为（　　）万元。

A.4　　B.2.6　　C.10.4　　D.16

14.某企业存货的日常核算采用毛利率法。该企业1月份实际毛利率为30%；2月1日的存货成本为1 200万元；本月购进存货成本为2 800万元，销售收入3 000万元，销售退回300万元。该企业2月份存货成本为（　　）万元。

A.1 300　　B.1 900　　C.2 110　　D.2 200

三、多项选择题

1.下列各项中，属于周转材料摊销方法的有（　　）。

A.实际成本法　　B.分次摊销法

C.计划成本法　　D.一次转销法

2.下列各项中，属于企业周转材料的有（　　）。

A.包装物　　B.低值易耗品

C.在建工程　　D.机器设备

3.下列各项中，属于会计中的“包装物”的有（　　）。

A.生产领用的包装物　　B.随同产品出售不单独计价的包装物

C.出租的包装物　　D.随同产品出售单独计价的包装物

4.下列各项中，应作为低值易耗品核算与管理的有（　　）。

A.替换设备　　B.劳动保护用品，如工作服、手套等

C.制造产品所用专门工具　　D.管理用具，如办公桌、椅等

5.下列各项中，应计入委托加工物资成本的有（　　）。

A. 发出委托加工材料的计划成本

B. 支付的加工费及运杂费

C. 支付加工费应负担的增值税销项税额

D. 用于连续生产应税消费品支付的消费税

6.下列包装物在领用时计入其他业务成本的有（　　）。

A. 生产领用的包装物

B. 随同产品出售不单独计价的包装物
C. 出租的包装物
D. 随同产品出售单独计价的包装物

7. 下列包装物在领用时计入销售费用的有（　　）。
A. 出借的包装物
B. 随同产品出售不单独计价的包装物
C. 出租的包装物
D. 随同产品出售单独计价的包装物

8. 如果周转材料采用分次摊销法，应在“周转材料”科目下设置的明细科目有（　　）。
A. 在途　　B. 在库　　C. 在用　　D. 摊销

9. 下列周转材料在领用时其成本需要进行摊销的有（　　）。
A. 出借的包装物
B. 随同产品出售不单独计价的包装物
C. 出租的包装物
D. 随同产品出售单独计价的包装物

10. 企业确认应由其负担的包装物维修费用等支出时，可以记入的科目有（　　）。
A. “销售费用”　　B. “管理费用”
C. “其他业务成本”　　D. “制造费用”

任务四　存货清查和减值的核算

一、判断题

1. 以前会计期间已计提存货跌价准备的，当存货的可变现净值恢复到等于或大于成本时，应该将该项存货的跌价准备全部冲回。（　　）
2. 自然灾害或意外事故以外的原因造成的存货毁损所发生的净损失，均应计入管理费用。（　　）
3. 存货发生非正常损失，其进项税额不得从销项税额中抵扣。（　　）
4. 企业盘盈或盘亏的存货，如在期末结账前尚未批准处理，应在对外提供财务会计报告时先进行处理，并在财务报表附注中作出说明。（　　）
5. 存货跌价准备一般按单个存货项目的成本低于其可变现净值的差额提取。（　　）
6. 存货的可变现净值表现为存货的售价或合同价。（　　）
7. 企业确定存货的可变现净值，应当以取得的确凿证据为基础。（　　）
8. 为执行销售合同而持有的存货，其可变现净值应当以合同价格为基础计算。（　　）

二、单项选择题

1. 企业对于已记入“待处理财产损溢”科目的存货盘亏及毁损事项进行会计处理时，应计入管理费用的是（　　）。
A. 管理不善造成的存货净损失　　B. 自然灾害造成的存货净损失

C.应由保险公司赔偿的存货净损失　　D.应由过失人赔偿的存货净损失

2.会计期末，存货应当按照成本与可变现净值孰低计量。这里的“成本”是指（　　）。

A.计划成本　　B.主营业务成本

C.实际成本　　D.其他业务成本

3.企业计提存货跌价准备时，应借记（　　）科目，贷记“存货跌价准备”科目。

A.“管理费用”　　B.“信用减值损失”

C.“资产减值损失”　　D.“主营业务成本”

4.A商品期初“存货跌价准备”余额为5万元，期末存货的成本为60万元，可变现净值为58万元，则期末应计提的存货跌价准备为（　　）。

A.借方2万元　　B.贷方2万元

C.借方3万元　　D.贷方3万元

5.某商品准备出售，期末存货的成本为60万元，预计售价70万元，销售费用2万元，相关税费1万元，则可变现净值为（　　）万元。

A.70　　B.67　　C.60　　D.7

三、多项选择题

1.下列存货的盘亏或毁损损失，经批准后，应作为管理费用列支的有（　　）。

A.自然灾害造成的存货净损失　　B.管理不善造成的盘亏损失

C.保管中发生的定额内自然损耗　　D.收发计量差错造成的盘亏损失

2.影响可变现净值的因素有（　　）。

A.取得的确凿证据　　B.持有存货的目的

C.资产负债表日后事项　　D.预计售价的变动

3.下列指标中，可能影响可变现净值的有（　　）。

A.存货成本　　B.预计售价　　C.预计销售费用　　D.预计销售税金

4.按照制度规定，存货的进项税额不得从销项税额中抵扣的情形有（　　）。

A.管理不善造成货物被盗　　B.管理不善造成货物丢失

C.管理不善造成货物霉烂变质　　D.因违反法律法规造成货物被没收

5.计提存货跌价准备的方法有（　　）。

A.单项比较法　　B.分类比较法

C.总额比较法　　D.差额比较法

第三部分　职业实践能力训练

实训一

目的：实训原材料按实际成本的核算

资料：京华公司存货按实际成本计价进行核算。7月1日结存A材料100千克，每千克实际成本100元。本月发生如下经济业务：

（1）3日，购入A材料50千克，每千克实际成本105元，材料已验收入库。

（2）5日，发出A材料80千克。

（3）7日，购入A材料70千克，每千克实际成本98元，材料已验收入库。

（4）12日，发出A材料130千克。

（5）20日，购入A材料80千克，每千克实际成本110元，材料已验收入库。

（6）25日，发出A材料30千克。

要求：

（1）开设原材料明细账，采用先进先出法计算发出材料和结存材料的实际成本。

（2）开设原材料明细账，采用月末一次加权平均法计算发出材料和结存材料的实际成本。

实训二

目的：综合实训原材料按实际成本的核算

资料：星海公司为增值税一般纳税人，货物的增值税税率为13%，运输费用的增值税税率为9%，所有业务都取得增值税专用发票，存货按实际成本法进行核算。6月发生业务如下：

（1）2日，从本市一家公司购入甲材料30吨，每吨1 600元，公司开出转账支票支付货款及税款，同时以现金327元（含税）支付运输费用，材料已验收入库。

（2）5日，收到外地企业发来的乙材料20吨，每吨1 400元，上月已预付货款20 000元，材料已如数验收入库，公司以银行存款支付欠款及外地运费218元（含税）。

（3）10日，向本市某公司购入丙材料30吨，每吨8 000元。企业开出银行承兑汇票一张并承兑。该银行承兑汇票面值271 200元、期限3个月。材料已验收入库。

（4）14日，向外地企业购入甲材料30吨，每吨1 500元，对方代垫运输费用654元（含税），款项及税款以银行本票支付，材料未到。

（5）21日，收到14日所购的材料，验收时发现短少500千克，原因不明，其余材料已验收入库。

（6）24日，收到调查报告，查明21日短少的500千克甲材料系铁路部门运输丢失400千克，同意赔偿678元（含转出的增值税进项税额），款未收到；另100千克属于途中的合理损耗。

（7）26日，从外地一家企业购入丁材料3吨，每吨6 000元，材料已验收入库，但发票账单尚未收到。

（8）28日，收到铁路部门赔偿的价款678元存入银行。

要求：根据以上资料，逐题编制会计分录。

实训三

目的：综合实训原材料按实际成本的核算

资料：甲企业为增值税一般纳税人，货物的增值税税率为13%。原材料采用实际成本核算，原材料发出采用月末一次加权平均法计价。假定运杂费不考虑增值税。

2023年6月，与A材料相关的资料如下：

（1）1日，“原材料——A材料”科目余额20 000元（共2 000千克，其中含5月末验收入库但因发票账单未到而以2 000元暂估入账的A材料200千克）。

（2）5日，收到5月末以暂估价入库A材料的发票账单，货款1 800元，增值税税额234元，对方代垫运输费400元，全部款项已用转账支票付讫。

（3）8日，以汇兑结算方式购入A材料3 000千克，发票账单已收到，货款36 000元，增值税税额4 680元，运输费用1 000元。材料尚未到达，款项已由银行存款支付。

（4）11日，收到8日采购的A材料，验收时发现只有2 950千克。经检查，短缺的50千克确定为运输途中的合理损耗，A材料验收入库。

（5）18日，持银行汇票80 000元购入A材料5 000千克，增值税专用发票上注明的货款为495 00元，增值税税额为6 435元，另支付运输费用2 000元，材料已验收入库，剩余票款退回并存入银行。

（6）21日，基本生产车间自制A材料50千克验收入库，总成本为600元。

（7）30日，根据“发料凭证汇总表”的记录，6月份基本生产车间为生产产品领用A材料6 000千克，车间管理部门领用A材料1 000千克，企业管理部门领用A材料1 000千克。

要求：

（1）计算甲企业6月份发出A材料的单位成本。

（2）根据上述资料，编制甲企业6月份与A材料有关的会计分录。

实训四

目的：实训原材料按计划成本的核算

资料：甲公司原材料日常收发及结存采用计划成本核算。月初结存材料的计划成本为600 000元，实际成本为605 000元，本月入库材料的计划成本为1 400 000元，实际成本为1355 000元。

当月发出原材料（计划成本）情况如下：

基本生产车间领用	800 000元
在建工程领用	200 000元
车间管理部门领用	5 000元
企业管理部门领用	15 000元

要求：

（1）计算当月材料成本差异率；

（2）编制发出材料的会计分录；

（3）编制月末结转本期发出材料成本差异的会计分录。

实训五

目的：实训原材料按计划成本的核算

资料：某企业为增值税一般纳税企业，材料按计划成本计价核算，甲材料计划成本为10元/千克。该企业4月份有关资料如下：

（1）“原材料”科目月初借方余额20 000元，“材料成本差异”科目月初贷方余额800元，“材料采购”科目月初借方余额38 800元（上述科目核算的均为甲材料）。

（2）5日，企业上月已付款的甲材料4 040千克如数收到，已验收入库。

（3）20日，从外地A公司购入甲材料8 000千克，增值税专用发票注明的材料价款为84 500元，增值税税额10 985元；运费1 000元，增值税90元，企业已用银行存款支付各种款项，材料尚未到达。

（4）25日，从A公司购入的甲材料到达，验收入库时发现短缺40千克，经查明为途中超定额自然损耗，允许计入采购货物的实际成本。

（5）30日，汇总本月发料凭证，本月共发出材料11 000千克，全部用于产品生产。

要求：

（1）编制第（2）~（5）题的会计分录，并随时结转材料成本差异。

（2）计算本月材料成本差异率。

（3）计算本月发出材料应负担的成本差异，并编制本期发出材料成本差异的会计分录。

（4）计算月末库存材料的实际成本。

实训六

目的：实训原材料按计划成本的核算

资料：某企业为增值税一般纳税人，货物适用的增值税税率为13%，按计划成本计价进行材料的日常核算，并随时结转材料成本差异。

假定该企业只有A、B两种材料。A材料计划单位成本为40元，B材料计划单位成本为100元；12月初库存A材料3 000千克，库存B材料1 400千克。12月初“材料成本差异”科目借方余额为3 060元。

该企业12月份发生经济业务如下：

（1）购入A材料1 500千克，材料价款57 000元，增值税7 410元，用银行存款支付，材料尚未入库。

（2）购入B材料800千克，材料价款76 000元，增值税9 880元，发票账单已到，企业开出一张商业汇票，材料已验收入库。

（3）购入A材料500千克，材料已入库，但发票账单未到。

（4）收到乙企业投资转入的B材料2 000千克，双方协商的材料价格为195 000元，增值税为25 350元，材料已验收入库。

（5）生产车间领用A材料3 200千克，其中3 000千克用于产品生产，200千克用于一般消耗；领用B材料2 900千克，全部用于产品生产。

（6）管理部门领用A材料20千克。

要求：

（1）根据以上资料，编制会计分录。

（2）计算本月材料成本差异率。

（3）计算本月发出材料应负担的成本差异，并编制会计分录。

（4）计算本月库存材料应负担的成本差异。

（5）计算本月库存材料的实际成本。

（6）设置“原材料”“材料采购”“材料成本差异”总账，开设“原材料——A材料”和“原材料——B材料”明细分类账，并根据以上资料登记相关明细账。

实训七

目的：实训其他存货的核算

资料：甲企业为增值税一般纳税人，货物的增值税税率为13%。周转材料采用实际成本核算，本年发生的与周转材料、委托加工物资有关的经济业务如下：

（1）购入办公桌10张，每张单位成本600元，价款与税款以银行存款支付。另支付运费300元，增值税27元，以现金支付。办公桌已验收入库。

（2）购入的办公桌交付使用，其中行政部门6张，生产车间4张，采用五五摊销法进行摊销。

（3）购入包装物500件，增值税专用发票上注明的价款为45 000元，增值税5 850元，对方代垫运输费400元，增值税36元，全部款项已用转账支票付讫。包装物已验收入库。

（4）生产车间领用包装物200件用于包装产品，已经发出。

（5）与A公司签订协议，合同规定：出租包装物300件，租赁期4个月，每月租金1 000元（不含税），租金及税金到期从押金中扣除。现收到押金36 000元存入银行。

（6）购入夏季工作服600件，价值180 000元，税款23 400元，价税款以银行存款支付。工作服已经入库。

（7）将工作服分发给各部门：生产工人300件、车间管理人员30件、销售人员40件、行政管理人员230件。采用一次摊销法摊销。

（8）确认出租包装物租金4 000元，增值税520元，押金余款退回A公司。出租包装物采用分次摊销法，预计使用期限30个月（假定不分月摊销）。

（9）发出委托加工物资31 000元，以银行存款支付运杂费800元。

（10）以银行存款支付加工费4 000元，增值税520元。

（11）以银行存款支付消费税500元，该物资收回后直接用于销售。

（12）收回委托加工物资。

要求：根据以上资料，逐题编制会计分录。

实训八

目的：综合实训原材料按实际成本的核算

资料：京华公司为增值税一般纳税企业，采用实际成本进行存货的日常核算。假定运杂费不考虑增值税。

8月1日有关账户的期初余额如下：

在途物资——甲材料	4 000元
应付账款——暂估应付账款	5 000元
委托加工物资——B企业	2 000元
周转材料	5 000元
原材料——甲材料（月初结存5 780千克，单价100元）	578 000元

8月发生经济业务事项如下：

（1）1日，对上月末暂估入账的甲材料进行会计处理。

（2）3日，上月已付款的甲材料40千克，每千克100元，全部收到，并验收入库。

（3）8日，从A企业购入甲材料500千克，单价100元，增值税专用发票上注明的增值税为6 500元，另外A企业还代垫运杂费500元。全部货款已用银行存款支付，材料已验收入库。

（4）10日，收到上月委托B企业加工的包装物，并已验收入库，入库成本为2 000元。

（5）13日，持银行汇票200 000元从C企业购入甲材料1 600千克，单价为100元，增值税专用发票上注明的增值税为20 800元，对方代垫运杂费500元，材料尚未到达。

（6）15日，收到从C企业购入的材料，并已验收入库。同时收回银行汇票多余票款存入银行。

（7）20日，收到上月估价入账的材料发票账单，共采购甲材料50千克，增值税专用发票上注明的价款为5 000元，增值税650元，开出银行承兑汇票承付。

（8）22日，收到D企业发来的甲材料80千克，并已验收入库。该批材料货款8 000元，增值税1 040元，对方代垫运杂费640元。为购买该批材料，企业已于上月预付货款6 000元，收到材料后企业用银行存款补付余款。

（9）30日，结转本月随同产品出售不单独计价的包装物成本6 000元。

（10）30日，根据“发料凭证汇总表”，本月领用甲材料汇总情况如下：基本生产车间为产品生产领用5 000千克，车间一般耗用300千克，辅助生产车间领用600千克，管理部门领用100千克。

要求：

（1）设置“在途物资”和“原材料——甲材料”明细账，并登记期初余额。

（2）编制第（1）~（9）题的会计分录。

（3）采用月末一次加权平均法登记“原材料——甲材料”明细账，并计算加权平均单价。

（4）计算发出甲材料的实际成本和结存甲材料的实际成本，并编制会计分录。

实训九

目的：实训存货清查和减值的核算

资料：某股份有限公司对存货的期末计价采用成本与可变现净值孰低法。某项存货有关资料如下：

（1）2021年12月31日成本为200 000元，可变现净值为190 000元。

（2）2022年6月30日成本为210 000元，可变现净值为198 000元。

（3）2022年12月31日成本为180 000元，可变现净值为179 000元。

（4）2023年6月30日成本为195 000元，可变现净值为204 000元。

要求：

（1）计算各期计提的存货跌价准备。

（2）逐题编制会计分录。

项目三

金融资产的核算

第一部分 知识点、技能点回顾

一、金融资产的基本知识

（一）金融资产的分类

金融资产一般划分为三类：

（1）以摊余成本计量的金融资产；

（2）以公允价值计量且其变动计入其他综合收益的金融资产；

（3）以公允价值计量且其变动计入当期损益的金融资产。

上述分类一经确定，不应随意变更。

（二）金融资产的计量

（1）初始计量。企业初始确认金融资产，应当按照公允价值计量。对于以公允价值计量且其变动计入当期损益的金融资产，相关交易费用计入当期损益；对于其他类金融资产，相关交易费用计入初始确认金额。

（2）后续计量。企业应当对不同类别的金融资产，分别以摊余成本、以公允价值计量且其变动计入其他综合收益或以公允价值计量且其变动计入当期损益进行后续计量。

二、交易性金融资产

（一）交易性金融资产的概念

交易性金融资产是指以公允价值计量且其变动计入当期损益的金融资产。

（二）账户设置

为了核算以公允价值计量且其变动计入当期损益的金融资产的取得、收取现金股利或利息、处置等业务，企业应设置“交易性金融资产”、“公允价值变动损益”和“投资收益”等科目。

（三）交易性金融资产的核算

1.取得交易性金融资产

企业取得交易性金融资产时，应当按照该金融资产取得时的公允价值入账。取得交易性金融资产所支付价款中包含已宣告但尚未发放的现金股利或已到付息期但尚未领取的债券利息的，应记入“应收股利”或“应收利息”科目；取得交易性金融资产发生的相关交易费用计入当期损益。

2.持有期间收到的股利和利息

企业持有交易性金融资产期间对于被投资单位宣告发放的现金股利或已到付息期但尚未领取的债券利息，应确认为应收股利或应收利息，并计入投资收益。

3.交易性金融资产的期末计量

资产负债表日，交易性金融资产应当按照公允价值计量，公允价值与账面余额之间的差额计入公允价值变动损益。

4.出售交易性金融资产

出售交易性金融资产时，应当将该金融资产出售时的公允价值与其账面余额之间的差额确认为投资收益。

5.转让金融资产应交增值税

企业转让金融商品需要按金融商品的卖出价扣除买入价（不需要扣除已宣告但尚未发放的现金股利和已到付息期但尚未领取的利息）后的余额作为销售额计算增值税。

三、应收款项

（一）应收款项的内容

应收款项是指企业在日常生产经营的过程中发生的各项债权，包括应收账款、应收票据、应收股利、应收利息和其他应收款。

（二）科目设置

为了核算企业的各项应收款项的增减变动及余额情况，企业应设置了“应收票据”“应收账款”“应收利息”“应收股利”“其他应收款”等科目。

（三）应收票据的核算

应收票据的核算主要包括票据的取得、背书转让、票据贴现及到期收回等内容，其中票据贴现利息的计算是关键。

（四）应收账款的核算

应收账款应按买卖双方成交时的实际金额计价入账。但是在商业活动中由于存在商业折扣、现金折扣、销货退回与折让等，会使交易价格发生变动，从而影响应收账款价值的确定。

（五）应收款项减值的核算

在资产负债表日有确凿证据表明应收款项发生减值的，企业应当对该应收款项计提坏账准备，确认当期减值损失，借记“信用减值损失”科目，贷记“坏账准备”科目。已确认的坏账再次收回时，借记“应收账款”科目，贷记“坏账准备”科目，同时，借记“银行存款”科目，贷记“应收账款”等科目。

四、债权投资

（一）会计科目设置

为了核算企业拥有的债权投资和其他债权投资，应设置“债权投资”“债权投资减值准备”“其他债权投资”“其他债权投资减值准备”科目。

（二）债权投资的计量

债权投资的计量包括初始计量和后续计量。

债权投资初始确认时，应当按公允价值计量，相关交易费用计入初始确认金额。实际支付的价款中包含已到付息期但尚未领取的债券利息，应当单独确认为“应收利息”。

债权投资应当以摊余成本进行后续计量，其他债权投资以公允价值计量。

（三）其他债权投资的计量

其他债权投资初始确认时，应当按公允价值计量，相关交易费用计入初始确认金额。实际支付的价款中包含已到付息期但尚未领取的债券利息，应当单独确认为“应收利息”。

资产负债表日其他债权投资以公允价值计量，公允价值与账面余额的差额列入其他综合收益。

（四）债权投资及其他债权投资的账务处理

债权投资及其他债权投资的账务处理比较见表3-1。

表3-1 债权投资及其他债权投资的账务处理比较

业务类型	债权投资	其他债权投资
取得金融资产时	借：债权投资——成本 应收利息 借（或贷）：债权投资——利息调整 贷：银行存款	借：其他债权投资——成本 应收利息 借（或贷）：其他债权投资——利息调整 贷：银行存款
按期确认利息收入时	借：应收利息 债权投资——应计利息 借（或贷）：债权投资——利息调整 贷：投资收益	借：应收利息 其他债权投资——应计利息 借（或贷）：其他债权投资——利息调整 贷：投资收益
公允价值变动时		借：其他债权投资——公允价值变动 贷：其他综合收益 或反方向分录
收到利息时	借：银行存款 贷：应收利息	借：银行存款 贷：应收利息
出售时	借：银行存款 借（或贷）：其他综合收益 借（或贷）：债权投资——利息调整 借（或贷）：投资收益 贷：债权投资——成本	借：银行存款 借（或贷）：其他综合收益 借（或贷）：其他债权投资——利息调整 借（或贷）：投资收益 贷：其他债权投资——成本

五、其他权益工具投资

（一）其他权益工具投资的初始计量

其他权益工具投资按公允价值进行初始计量，发生的交易费用计入初始确认金额。

（二）其他权益工具投资的后续计量

资产负债表日其他权益工具投资应当以公允价值进行后续计量，公允价值变动计入所有者权益，在该金融资产终止确认时，将“其他综合收益”转出，计入当期损益。

（三）会计科目设置

为了核算企业取得的权益工具投资，会计上应设置“其他权益工具投资”科目，该科目下设“成本”“公允价值变动”2个二级科目。

(四)其他权益工具投资的账务处理

其他权益工具投资的账务处理见表3-2。

表3-2 其他权益工具投资的账务处理

业务类型	其他权益工具投资
取得其他权益工具投资时	借：其他权益工具投资——成本 应收股利 贷：银行存款
公允价值变动时	借：其他权益工具投资——公允价值变动 贷：其他综合收益 或反方向分录
收到现金股利时	借：银行存款 贷：应收股利
部分或全部出售其他权益工具投资时	借：银行存款 借（或贷）：其他权益工具投资——公允价值变动 借（或贷）：盈余公积 借（或贷）：利润分配——未分配利润 贷：其他权益工具投资——成本
从其他综合收益中转出的公允价值累计变动额部分	借：其他综合收益 贷：盈余公积 利润分配——未分配利润 或反方向分录

第二部分 职业判断能力训练

任务一 金融资产的认知

一、判断题

1. 基本金融工具是金融工具中的母类工具，包括货币、债券、可转换债券、股票等。 (　　)

2. 金融资产包括银行存款、应收账款、应收票据和预付账款等。 (　　)

3. “银行存款”“应收账款”“债权投资”属于以摊余成本计量的金融资产。 (　　)

4. 以公允价值计量且其变动计入当期损益的金融资产，相关交易费用计入当期损益。 (　　)

5. 企业改变管理金融资产的业务模式时，应当按照规定对所有影响的相关金融资产进行重分类。 (　　)

二、单项选择题

1. 下列各项中，不属于金融资产的是（ ）。

A. 交易性金融资产　　B. 预付账款

C. 银行存款　　D. 应收账款

2. 下列各项中，不属于基本金融工具的是（ ）。

A. 股票　　B. 债券　　C. 货币　　D. 期货

3. 企业持有的直接指定为以公允价值计量且其变动计入当期损益的金融资产的核算账户是（ ）。

A. “交易性金融资产”　　B. “债权投资”

C. “其他债权投资”　　D. “其他权益工具投资”

三、多项选择题

1. 下列各项中，属于衍生金融工具的有（ ）。

A. 股票　　B. 期权　　C. 远期　　D. 期货

2. 企业对金融资产进行分类的标志有（ ）。

A. 管理金融资产的业务模式　　B. 金融资产的合同现金流量特征

C. 金融资产的期限长短　　D. 一定属于衍生金融工具

3. 金融资产同时符合下列条件的，应当分类为以摊余成本计量的金融资产的有（ ）。

A. 企业管理该金融资产的业务模式是以收取合同现金流量为目标

B. 在特定日期产生的现金流量，仅为对本金和以未偿付本金金额为基础的利息的支付

C. 企业管理该金融资产的业务模式既以收取合同现金流量为目标，又以出售为目标

D. 以公允价值计量且其变动计入其他综合收益的金融资产

任务二　交易性金融资产的核算

一、判断题

1. 交易性金融资产是指以公允价值计量且其变动计入当期损益的金融资产。（ ）

2. 交易性金融资产是企业为了到期出售而持有的金融资产。（ ）

3. 企业应按交易性金融资产的类别和品种，分别设置“成本”“公允价值变动”等明细科目进行核算。（ ）

4. 取得交易性金融资产而发生的交易费用应计入交易性金融资产的成本。（ ）

5. 取得交易性金融资产所支付的价款中包含的未到付息期的债券利息记入“应收利息”科目。（ ）

6. 资产负债表日，交易性金融资产应当按照公允价值计量。（ ）

7. 出售交易性金融资产时，应当将该金融资产出售时的公允价值与其初始入账金额之间的差额确认为投资收益。（ ）

8. 年末因转让金融资产使“投资收益”科目出现借方余额，则企业不计算缴纳增

值税。 （ ）

二、单项选择题

1.企业取得交易性金融资产时，发生的交易费用，应记入的科目是（ ）。

A.“交易性金融资产” B.“投资收益”

C.“财务费用” D.“管理费用”

2.“交易性金融资产”账户的期末余额，反映实际持有的交易性金融资产的（ ）。

A.公允价值 B.投资成本

C.投资成本+交易费用 D.投资成本+应收股利或利息

3.“交易性金融资产”账户借方登记交易性金融资产的（ ）。

A.取得成本

B.期末其公允价值低于账面余额的差额

C.期末其公允价值高于账面余额的差额

D.取得成本和期末其公允价值高于账面余额的差额

4.企业取得交易性金融资产时，支付的价款中所包含的已到付息期但尚未领取的利息，应记入的会计科目是（ ）。

A.“应收利息” B.“交易性金融资产”

C.“应收股利” D.“投资收益”

5.甲公司于4月1日从证券市场购入乙公司发行在外的股票100万股作为交易性金融资产，每股支付价款10元（含已宣告但尚未发放的现金股利2元），另支付相关费用5万元，可以抵扣的增值税为0.3万元。则该交易性金融资产取得时的入账价值为（ ）万元。

A.1 005.3 B.1 005 C.1 003 D.800

6.下列关于交易性金融资产的后续计量表述正确的是（ ）。

A.按照公允价值进行后续计量，公允价值变动计入当期投资收益

B.按照摊余成本进行后续计量

C.按照公允价值进行后续计量，公允价值变动计入资本公积

D.按照公允价值进行后续计量，公允价值变动计入公允价值变动损益

7.2月1日企业购入股票作为交易性金融资产，实际支付价款200万元，另支付相关税费6万元。6月30日公允价值为190万元，则该交易性金融资产公允价值变动损益为（ ）万元。

A.16 B.10 C.0 D.4

8.6月12日企业购买交易性金融资产实际支付价款100万元（其中包括已宣告但尚未领取的现金股利3万元），另支付相关税费0.5万元；12月20日企业将该股票出售，取得价款130万元。则转让金融商品应交增值税的销售额为（ ）万元。

A.30 B.29.5 C.27.5 D.33

三、多项选择题

1.交易性金融资产科目贷方登记的内容有（ ）。

A. 取得交易性金融资产所发生的相关交易费用
B. 资产负债表日其公允价值低于账面余额的差额
C. 出售交易性金融资产结转的成本
D. 资产负债表日其公允价值高于账面余额的变动部分

2. 下列各项中，属于“交易性金融资产”明细科目的有（　　）。
A. 成本　B. 公允价值　C. 公允价值变动　D. 利息调整

3. “公允价值变动损益”科目借方反映的内容有（　　）。
A. 交易性金融资产的公允价值高于账面余额的差额
B. 交易性金融资产的公允价值低于账面余额的差额
C. 期末结转到“本年利润”科目的公允价值高于账面余额的差额
D. 期末结转到“本年利润”科目的公允价值低于账面余额的差额

4. 企业购买交易性金融资产时，如果购买价款中含有已宣告但尚未领取的现金股利或已到付息期但尚未领取的利息，应列入的会计科目有（　　）。
A. “交易性金融资产”　B. “应收股利”
C. “公允价值变动损益”　D. “应收利息”

5. 企业转让交易性金融资产时，涉及的会计科目有（　　）。
A. “交易性金融资产”　B. “投资收益”
C. “公允价值变动损益”　D. “其他货币资金”

6. 出售交易性金融资产时，确认的投资收益金额等于（　　）之间的差额。
A. 公允价值　B. 账面余额
C. 取得成本　D. 账面价值

7. 下列关于交易性金融资产会计处理的说法正确的有（　　）。
A. 取得交易性金融资产所发生的相关交易费用应在发生时计入当期损益
B. 资产负债表日，交易性金融资产应当按照公允价值计量
C. 资产负债表日，交易性金融资产公允价值与账面余额之间的差额计入公允价值变动损益
D. 出售交易性金融资产时，其公允价值与账面余额之间的差额计入投资收益

任务三　应收及预付款项的核算

一、判断题

1. 应收款项是指企业在日常生产经营的过程中发生的各项债权。（　　）
2. 应收票据是指企业因销售商品、提供劳务等收到的商业汇票和银行汇票。（　　）
3. “应收票据”科目期末借方余额，反映企业持有的商业汇票的票面金额。（　　）
4. “应收账款”科目期末余额一定在借方。（　　）
5. 不单独设置“预收账款”科目的企业，发生的预收的款项应在“应收账款”科目核算。（　　）
6. 在存在商业折扣的情况下，企业应收账款入账金额应按扣除商业折扣后的金额确认。（　　）

7. 坏账已确认并转销的坏账损失，以后又收回的，应借记“银行存款”科目，贷记“坏账准备”科目。（　　）

8. 期末调整后，“坏账准备”账户期末余额一定在贷方。（　　）

9. 贴现期的计算一般“算头不算尾”或“算尾不算头”。（　　）

10. 现金折扣影响销售商品或提供劳务所产生的应收账款的入账金额。（　　）

11. 对于单项金额重大的应收款项，应当单独进行减值测试。（　　）

二、单项选择题

1. 企业的应收款项不包括（　　）。

A. 应收利息　　B. 应收票据
C. 预付账款　　D. 其他应收款

2. 下列各项中，不通过“其他应收款”科目核算的是（　　）。

A. 应收保险公司的赔款　　B. 存出包装物押金
C. 应向职工收取的各种代付款项　　D. 应向购货方收取的代垫运杂费

3. 企业销售商品收到的银行承兑汇票通过（　　）科目核算。

A. “应收账款”　　B. “应收票据”
C. “其他货币资金”　　D. “其他应收款”

4. 计提坏账准备应借记的会计科目是（　　）。

A. “管理费用”　　B. “财务费用”
C. “信用减值损失”　　D. “资产减值损失”

5. 现金折扣属于可变对价，企业应当按照期望值或最可能发生金额确定可变对价的（　　）。

A. 估计数　　B. 最佳估计数
C. 销售价款　　D. 应收款项

6. 企业某项应收账款为50 000元，现金折扣条件为2/10，1/20，n/30，客户在第20天付款的概率为90%，则企业应确认的应收账款金额为（　　）元。

A. 50 000　　B. 49 000　　C. 49 250　　D. 49 500

7. 企业持有的商业汇票面值120 000元，贴现率为8%，期限3个月，贴现期2个月，则贴现净额为（　　）元。

A. 120 000　　B. 117 600　　C. 118 400　　D. 119 200

8. 企业赊销商品一批，标价200 000元，商业折扣10%，增值税税率13%，企业销售商品时代垫运杂费800元，则应收账款的入账金额为（　　）元。

A. 180 400　　B. 200 400　　C. 203 400　　D. 204 200

9. “坏账准备”年初余额为6万元，应收账款年末余额为1 200万元，该笔应收账款的未来现金流量现值为950万元。则年末应计提的坏账准备为（　　）万元。

A. 256　　B. 250　　C. 244　　D. 0

10. 企业将商业汇票贴现，实际收到的金额与票据金额之间的差额应确认为（　　）。

A. 应收账款　　B. 投资收益　　C. 财务费用　　D. 应收票据

11. 企业赊销商品一批，标价60 000元，商业折扣10%，增值税税率13%，现金折扣条件为2/10，1/20，n/30，现金折扣不影响增值税。企业销售商品时代垫运杂费400元。如果企业在10天内收到款项的概率为90%，其金额为（　　）元。

A.68 200　　B.61 420　　C.60 332　　D.60 000

三、多项选择题

1. 下列各项中，通过“应收利息”科目核算的有（　　）。

A. 应收交易性金融资产的利息

B. 应收分期付息到期还本的债权投资利息

C. 应收到期一次还本付息的债权投资利息

D. 短期借款利息

2. 下列各项中，构成应收账款入账价值的有（　　）。

A. 销售商品时尚未收到的价款　　B. 代购货方垫付的包装费

C. 代购货方垫付的运杂费　　D. 销售商品发生的商业折扣

3. 下列各项中，应通过“其他应收款”科目核算的有（　　）。

A. 代购货单位垫付的运杂费　　B. 收到的包装物押金

C. 应收的各种赔款　　D. 应向职工收取的各种垫付款

4. 下列各项中，应记入“坏账准备”科目贷方的有（　　）。

A. 冲回多提的坏账准备　　B. 当期确认的坏账损失

C. 当期应补提的坏账准备　　D. 已转销的坏账当期又收回

5. 影响应收票据贴现息的因素有（　　）。

A. 票据到期值　　B. 贴现率

C. 票据期限　　D. 贴现期

6. 下列各项中，影响应收账款入账价值的有（　　）。

A. 销售商品价款　　B. 增值税销项税额

C. 商业折扣　　D. 现金折扣

7. 下列各项中，影响应收账款账面价值的有（　　）。

A. 销售商品代购货单位垫付的运杂费　　B. 收回应收账款

C. 计提坏账准备　　D. 确认坏账损失

8. 下列各项中，可能需要计提坏账准备的有（　　）。

A. 应收票据　　B. 应收账款

C. 应收股利　　D. 其他应收款

任务四　债权投资及其他债权投资的核算

一、判断题

1. 债权投资初始确认时，应当按公允价值计量，相关交易费用计入初始确认金额。（　　）

2. 交易费用是指可直接归属于购买、发行或处置金融工具的增量费用。（　　）

3. 交易费用包括债券溢价、折价、融资费用、内部管理成本和持有成本等费用。（ ）

4. 资产负债表日其他债权投资以摊余成本进行后续计量。（ ）

5. 实际利率与票面利率差别较小的，也可按票面利率计算利息收入。（ ）

6. 企业取得的债权投资应按投资的面值借记“债权投资——成本”科目。（ ）

7. 企业取得的债权投资发生的交易费用应该计入债权投资的初始成本。（ ）

8. 资产负债表日其他债权投资应当以公允价值进行后续计量，公允价值变动记入“公允价值变动损益”科目。（ ）

二、单项选择题

1. 企业在计算其他债权投资持有期间的分期计息、到期一次还本付息的债券利息时，按应收未收的利息借记的科目是（ ）。

A. “投资收益” B. “其他债权投资——应计利息”
C. “应收利息” D. “其他债权投资——利息调整”

2. 在实际利率法下，债权投资确认的利息收入为（ ）。

A. 期初摊余成本×实际利率 B. 期初摊余成本×票面利率
C. 债券面值×实际利率 D. 债券面值×票面利率

3. 在实际利率法下，其他债权投资确认的应收未收利息为（ ）。

A. 期初摊余成本×实际利率 B. 期初摊余成本×票面利率
C. 债券面值×实际利率 D. 债券面值×票面利率

4. 按摊余成本和实际利率计算的分期计息债券利息收入时，应借记“应收利息”科目，贷记（ ）科目。

A. “投资收益” B. “利息收入”
C. “债权投资——利息调整” D. “债权投资——应计利息”

5. 企业于4月5日购入面值200万元、票面利率为6%、3年期到期一次还本付息的债券作为债权投资，支付价款214万元（含尚未到期利息10万元），另支付相关费用1万元，则该债权投资取得时的入账价值为（ ）万元。

A.215 B.214 C.204 D.200

6. 下列各项金融资产在取得时发生的交易费用计入当期损益的是（ ）。

A. 其他债权投资 B. 债权投资
C. 交易性金融资产 D. 其他权益工具投资

三、多项选择题

1. 下列各项中，期末采用摊余成本计量的有（ ）。

A. 应收账款 B. 债权投资
C. 其他应收款 D. 其他债权投资

2. 下列各项中，资产负债表日采用公允价值计量的有（ ）。

A. 其他债权投资 B. 债权投资
C. 交易性金融资产 D. 其他权益工具投资

3. 下列各项中，影响金融资产摊余成本的有（ ）。

A.期初摊余成本　　B.本期确认的投资收益
C.本期实际收到的利息　　D.已计提的累计信用减值准备

4.下列各项中，属于债权投资下属明细科目的有（　　）。
A.成本　　B.应计利息　　C.利息调整　　D.公允价值变动

5.下列各项中，在资产负债表日可能涉及减值核算的有（　　）。
A.债权投资　　B.其他债权投资
C.应收账款　　D.其他权益工具投资

6.企业在取得金融资产时发生的交易费用计入初始成本的有（　　）。
A.交易性金融资产　　B.债权投资
C.其他债权投资　　D.应收账款

7.资产负债表日，企业确认“其他债权投资”公允价值变动时，涉及的会计科目有（　　）。
A.“公允价值变动损益”　　B.“其他综合收益”
C.“其他债权投资——公允价值变动”　　D.“投资收益”

8.企业出售“其他债权投资”时可能涉及的会计科目有（　　）。
A.“其他债权投资——成本”　　B.“其他债权投资——利息调整”
C.“其他债权投资——公允价值变动”　　D.“其他债权投资——应计利息”

任务五　其他权益工具投资的核算

一、判断题

1.企业取得的其他权益工具投资应按投资股票的面值借记“其他权益工具投资——成本”科目。（　　）

2.其他权益工具投资获得的现金股利计入当期损益。（　　）

3.资产负债表日其他权益工具投资应当以公允价值进行后续计量，公允价值变动记入“公允价值变动损益”科目。（　　）

4.当其他权益工具投资终止确认时，之前计入其他综合收益的累计利得或损失应当从其他综合收益中转出，计入留存收益。（　　）

5.其他权益工具投资也可能发生资产减值的情形。（　　）

二、单项选择题

1.甲公司于4月3日从证券市场购入乙公司发行在外的股票100万股作为其他权益工具投资，每股支付价款10元（含已宣告但尚未发放的现金股利2元），另支付相关费用15万元，甲公司其他权益工具投资取得时的入账价值为（　　）万元。
A.1 015　　B.1 000　　C.815　　D.800

2.资产负债表日其他权益工具投资发生的公允价值变动应记入的是（　　）。
A.“投资收益”科目　　B.“其他综合收益”科目
C.“公允价值变动损益”科目　　D.当期损益

3.其他权益工具投资在确认获得现金股利时应记入的科目是（　　）。
A.“投资收益”　　B.“其他综合收益”

C.“公允价值变动损益”　　　　　　　D.“其他权益工具——投资成本”

三、多项选择题

1.采用公允价值进行后续计量的金融资产有（　　）。

A.交易性金融资产　　　　　　　　B.债权投资

C.其他债权投资　　　　　　　　　D.其他权益工具投资

2.下列金融资产中，资产负债表日采用公允价值计量且其变动计入所有者权益的有（　　）。

A.其他债权投资　　　　　　　　　B.债权投资

C.交易性金融资产　　　　　　　　D.其他权益工具投资

3.下列各项中，属于“其他权益工具投资”科目的明细科目的有（　　）。

A.成本　　B.利息调整　　C.公允价值变动　　D.投资收益

4.出售其他权益工具投资，应从所有者权益中转出公允价值累计变动额，涉及的科目有（　　）。

A.“其他综合收益”　　　　　　　　B.“盈余公积”

C.“利润分配——未分配利润”　　　D.“本年利润”

第三部分　职业实践能力训练

实训一

目的：实训交易性金融资产的核算

资料：某企业发生的有关交易性金融资产业务如下：

（1）4月1日，该企业以存出投资款480万元购入甲公司股票60万股作为交易性金融资产，另支付手续费2万元。

（2）6月30日，该股票每股公允价值为7.5元。

（3）7月10日，甲公司宣告分派现金股利，每股0.2元。

（4）7月20日，该企业收到分派的现金股利。

（5）8月18日，该企业以515万元全部出售该股票。

（6）计算确认转让金融商品应交增值税（增值税税率为6%）。

要求：

（1）根据资料编制相关的会计分录。

（2）计算该项交易性金融资产本年的累计投资收益。

实训二

目的：实训交易性金融资产的核算

资料：A公司购入短期债券，将其划分为交易性金融资产。有关业务如下：

（1）2月1日，以银行存款购买面值400 000元、3年期、到期一次还本付息的国库券，购买价420 000元。

（2）7月5日，以银行存款支付价款320 000元购买公司债券一批，该债券已于当年1月1日发行，面值300 000元，票面利率4%，债券利息每半年支付一次，利息尚未领取。

（3）7月10日，公司收到该笔债券利息6 000元，存入银行。

（4）12月31日，A公司应计债券利息6 000元。

（5）12月31日，购入的短期债券公允价值316 000元。

（6）次年1月2日收到利息6 000元，存入银行。

（7）次年1月8日将该债券全部出售，取得价款317 500元存入银行。

（8）计算确认转让金融商品应交增值税（增值税税率为6%）。

要求：

（1）根据资料编制相关的会计分录。

（2）计算该项交易性金融资产实现的累计损益。

实训三

目的：实训应收款项的核算

资料：所有涉及企业均为增值税一般纳税人，本年度发生经济业务如下：

（1）甲公司销售给乙公司商品一批，开出增值税专用发票，价款200 000元，增值税税额26 000元，当即收到一张已承兑的商业承兑汇票，期限6个月，面值226 000元。

（2）甲公司销售给丙公司商品一批，增值税专用发票上注明的价款为88 000元，增值税11 440元，以银行存款代垫运杂费860元，商品已发出，价款尚未收到。

（3）甲公司将一张面值480 000元的商业承兑汇票持往银行贴现，期限4个月，已过去1个月，银行贴现率为6%。贴现款已经存入银行。

（4）商业票据到期时，乙公司无力支付票款，银行退回该汇票。

（5）经查明，仓库保管员因责任事故导致财产毁损，责令赔偿500元，款未收到。

（6）职工冯志伟参加进口博览会，经领导批准预借差旅费8 000元。

要求：根据资料编制甲公司的会计分录。

实训四

目的：实训信用减值损失的核算

资料：华润公司2023年有关资料如下：

（1）12月1日，应收甲公司账款期初余额为125万元，其坏账准备贷方余额为5万元。

（2）12月5日，向甲公司销售商品110件，单价1万元，增值税税率13%，单位成本0.8万元，价款尚未收到。

（3）12月25日，因商品质量问题，甲公司要求退回本月5日购买的10件商品，企业同意甲公司退货要求，并办理退货手续和开具红字增值税专用发票，企业收到甲公司退回的商品。

（4）12月26日，应收甲公司的款项发生坏账损失2万元。

（5）12月28日，收回前期已确认应收甲公司账款的坏账1万元，存入银行。

（6）12月31日，企业对甲公司账款进行减值测试，确定计提坏账准备的比例为5%。

要求：根据资料编制有关的会计分录。

实训五

目的：实训债权投资的核算

资料：ABC公司进行债权投资如下：

2022年1月2日从证券市场上购入乙公司2022年1月1日发行的3年期、到期一次还本付息债券300张，债券票面利率为6%，每张面值为1 000元，每张买入价为1 019元（含交易费用），所有款项均以银行存款支付。购买该债券时的实际利率为5%，按实际利率法计算确认利息收入，ABC公司准备将该批债券持有至到期。

要求：

（1）计算该债权投资的利息调整金额（计算结果保留整数）。

（2）编制ABC公司2022年1月2日买入该批债券时的会计分录。

（3）计算该债权投资应调整的利息和应确认的利息收入，填入表3-3中，并编制相应的会计分录。

表3-3　债权投资应调整的利息和应确认的利息收入计算表　单位：元

年份	期初摊余成本	实际利息	现金流入	期末摊余成本
2022				
2023				
2024				

（4）编制2025年1月1日到期收回本息的会计分录。

实训六

目的：实训债权投资的核算

资料：W公司进行债权投资如下：

2023年1月1日从证券市场上购入甲公司2023年1月1日发行的5年期、分期付息、到期还本的债券400张，债券票面利率为8%，每张面值为1 000元，每张买入价为924元（含交易费用），款项以银行存款支付。购买该债券时的实际利率为10%，按实际利率法计算确认利息收入，W公司准备将该批债券持有至到期。

要求：

（1）计算并填列表3-4，确认各期的利息收入（计算结果保留整数）。

表3-4　　债权投资应调整的利息和应确认的利息收入计算表　　单位：元

年份	期初摊余成本	实际利息	现金流入	期末摊余成本
2023				
2024				
2025				
2026				
2027				

（2）编制W公司2023年1月1日买入该批债券时的会计分录。

（3）编制2023年年末确认利息和调整利息的会计分录。

（4）编制2024年1月1日收到利息的会计分录。

（5）编制2028年1月1日收回本金及最后一期利息的会计分录。

实训七

目的：实训其他债权投资的核算

资料：惠达公司进行其他债权投资业务如下：

（1）2022年1月1日从二级市场上购入甲公司发行的5年期、面值100万元、票面利率6%的公司债券，于每年年末支付本年度债券利息60 000元，本金到期一次性偿还。购入时市场利率为8%，购买价款92万元，初始确认时，企业将其划分为其他债权投资。

（2）2022年12月31日，甲公司债券的公允价值为95万元（不含利息）。

（3）2023年12月31日，甲公司债券的公允价值为100万元（不含利息）。

（4）2024年1月12日，惠达公司将债券全部出售，取得价款106万元。

要求：

（1）计算并填列表3-5，确认各期的利息收入（计算结果保留两位小数）。

表3-5　　其他债权投资利息及公允价值变动计算表　　单位：万元

日期	现金流入（A）	实际利息收入（B=期初×8%）	已收回本金（C=B−A）	摊余成本余额（D=期初D+C）	公允价值（E）	公允价值变动额（F=E−D−期初G）	公允价值变动累计金额（G=期初G+F）
2022.1.1							
2022.12.31							
2023.12.31							
合计				—	—	—	—

（2）逐题编制会计分录。（金额用万元表示）

实训八

目的：实训其他权益工具投资的核算

资料：2022年3月10日，企业从二级市场上购入股票100 000股，每股市价6元，手续费及佣金3 000元。初始确认时，企业将其划分为其他权益工具投资。2022年12月31日，该股票市价为8元。2023年4月18日出售，每股市价8.5元。

要求：根据资料编制相关的会计分录。

项目四

长期股权投资的核算

第一部分　知识点、技能点回顾

一、长期股权投资的基本知识

（一）长期股权投资的概念

长期股权投资是指投资方对被投资单位实施控制、重大影响的权益性投资，以及对其合营企业的权益性投资。

（二）企业合并

企业合并是指将两个或两个以上单独的企业合并形成一个报告主体的交易或事项。企业合并可以不同标准分类。

（1）以合并方式为基础，企业合并可分为控股合并、吸收合并和新设合并三种。

（2）以是否在同一控制下进行企业合并方式为基础，企业合并可分为同一控制下的企业合并和非同一控制下的企业合并。

（三）科目设置

为了核算企业的长期股权投资，企业应设置“长期股权投资”和“长期股权投资减值准备”等科目。

二、长期股权投资的初始计量

（一）企业合并形成的长期股权投资

企业合并形成的长期股权投资的初始成本及账务处理见表4-1。

表4-1　企业合并形成的长期股权投资的初始成本及账务处理

合并类型	取得成本的确定	账务处理
同一控制下的企业合并	合并方以支付现金、转让非现金资产或承担债务方式作为合并对价的，应当在合并日按照取得被合并方所有者权益账面价值的份额，作为长期股权投资的初始成本。初始成本与支付的现金、转让的非现金资产及所承担债务账面价值之间的差额，应当调整资本公积；资本公积不足冲减的，应调整留存收益	借：长期股权投资 应收股利 借或贷：资本公积 盈余公积 利润分配——未分配利润 贷：某资产科目 某负债科目
非同一控制下的企业合并	在非同一控制下的企业合并中，购买方为了取得对被购买方的控制权而放弃的资产、发生或承担的负债、发行的权益性证券等均应按其在购买日的公允价值计量。购买方确定的合并成本包括购买方因合并而支付对价的公允价值之和以及为进行企业合并发生的各项直接相关费用	借：长期股权投资 应收股利 贷：某资产科目 某负债科目 资产处置损益

（二）非企业合并形成的长期股权投资

非企业合并形成的长期股权投资的初始成本及账务处理见表4-2。

表4-2 非企业合并形成的长期股权投资的初始成本及账务处理

业务类型	取得成本的确定	账务处理
以支付现金取得的长期股权投资	应当按照实际支付的购买价款作为初始投资成本。初始投资成本包括与取得长期股权投资直接相关的费用、税金及其他必要支出。企业取得长期股权投资实际支付的价款或对价中包含的已宣告但尚未发放的现金股利或利润应作为应收项目处理	借：长期股权投资 应收股利 贷：银行存款
以发行权益性证券取得的长期股权投资	应当按照发行权益性证券的公允价值，作为初始投资成本。为发行权益性证券支付的手续费、佣金等自权益性证券的溢价发行收入中扣除，溢价收入不足冲减的，应冲减盈余公积和未分配利润	借：长期股权投资 应收股利 借或贷：资本公积 盈余公积 利润分配——未分配利润 贷：股本
投资者投入的长期股权投资	对于接受投资的企业，原则上应当按照投资合同或协议约定的价值作为初始投资成本。例外的情况是，如果投资各方在投资合同或协议中约定的价值明显高于或低于该项投资的公允价值，应以公允价值作为长期股权投资的初始投资成本	借：长期股权投资 应收股利 贷：银行存款

三、长期股权投资的后续计量

（一）长期股权投资核算的成本法

成本法是指按投资成本计价的方法。投资方能够对被投资单位实施控制的长期股权投资应当采用成本法核算。其账务处理见表4-3。

表4-3 长期股权投资核算成本法的账务处理

业务类型	取得成本的确定	账务处理
取得长期股权投资	按同一控制下企业合并和非同一控制下企业合并进行会计处理，参见表4-1和表4-2	参见表4-1和表4-2
持有期间被投资单位宣告发放现金股利或利润	长期股权投资持有期间被投资单位宣告发放现金股利或利润时，企业按应享有的部分确认为投资收益	借：银行存款/应收股利等 贷：投资收益
长期股权投资的减值	长期股权投资发生减值损失的，其金额计入当期损益，同时计提相应的资产减值准备	借：资产减值损失 贷：长期股权投资减值准备
长期股权投资的处置	应按实际收到的金额借记“银行存款”“长期股权投资减值准备”等科目，贷记“长期股权投资”科目	借：银行存款等 长期股权投资减值准备 借或贷：投资收益 贷：长期股权投资

（二）长期股权投资核算的权益法

权益法是指投资以初始投资成本计量后，在投资持有期间根据投资企业享有被投资单位所有者权益份额的变动对投资的账面价值进行调整的方法。企业对被投资单位具有共同控制或者重大影响时，长期股权投资应当采用权益法核算。其账务处理见表4-4。

表4-4　长期股权投资核算权益法的账务处理

业务类型		取得成本的确定	账务处理
取得长期股权投资	初始成本大	初始投资成本大于投资时应享有被投资单位可辨认净资产公允价值份额的，不需调整已确认的初始投资成本	借：长期股权投资——投资成本 应收股利 贷：银行存款
	初始成本小	初始投资成本小于投资时应享有被投资单位可辨认净资产公允价值份额的，确认为营业外收入，同时调整已确认的初始投资成本	借：长期股权投资——投资成本 应收股利 贷：银行存款 借：长期股权投资——投资成本 贷：营业外收入
投资损益的确认	被投资单位实现净利润	根据被投资单位实现的净利润计算应享有的份额，确认投资收益，调增长期股权投资的账面价值	借：长期股权投资——损益调整 贷：投资收益
	被投资单位发生亏损	被投资单位发生净亏损，应当确认为投资损失，并冲减长期股权投资的账面价值	借：投资收益 贷：长期股权投资——损益调整
被投资单位宣告发放现金股利或利润		被投资单位宣告发放现金股利或利润时，企业按应享有的部分确认为投资收益，同时冲减长期股权投资的账面价值	借：应收股利 贷：长期股权投资——损益调整
收到现金股利		收到现金股利或利润时，增加银行存款、其他货币资金等科目，减少应收股利	借：银行存款等 贷：应收股利
被投资单位其他综合收益变动		按照应享有或应分担的被投资单位实现其他综合收益的份额，调整长期股权投资的账面价值，同时增加或减少其他综合收益	借：长期股权投资——其他综合收益 贷：其他综合收益 或反方向分录
被投资单位资本公积变动		对于被投资单位除净损益、其他综合收益和利润分配外所有者权益的其他变动，企业按持股比例计算应享有或承担的份额，调整长期股权投资的账面价值，同时增加或减少资本公积	借：长期股权投资——其他权益变动 贷：资本公积——其他资本公积 或反方向分录

续表

业务类型	取得成本的确定	账务处理
长期股权投资的减值	长期股权投资发生减值损失的，其金额计入当期损益，同时计提相应的资产减值准备	借：资产减值损失 贷：长期股权投资减值准备
长期股权投资的处置	应按实际收到的金额借记“银行存款”“长期股权投资减值准备”等科目，贷记“长期股权投资”等科目	借：银行存款等 长期股权投资减值准备 借或贷：投资收益 借或贷：长期股权投资——损益调整 借或贷：长期股权投资——其他综合收益 借或贷：长期股权投资——其他权益变动 贷：长期股权投资——投资成本
	按出售长期股权投资的投资成本比例转出其他综合收益及资本公积	借：其他综合收益 资本公积——其他资本公积 贷：投资收益 或反方向分录

第二部分 职业判断能力训练

任务一 长期股权投资的确认

一、判断题

1. 参与合并的企业在合并前后均受同一方或相同的多方最终控制，且该控制并非暂时性的，为同一控制下的企业合并。 ( )

2. 长期股权投资仅指投资方对被投资单位实施控制的权益性投资。 ( )

3. 在控股合并中，控股企业和被控股企业仍继续存在并经营，且相互组成一个集团公司。 ( )

二、单项选择题

1. 企业合并后，一个企业保留法人资格，其他企业的法人资格随着合并而消失，这种合并称为（ ）。

A. 控股合并　　B. 吸收合并

C. 新设合并　　D. 同一控制下的企业合并

2. 参与合并的各方在合并前后不受同一方或相同的多方最终控制的，称为（ ）。

A. 控股合并　　B. 非同一控制下的企业合并

C. 新设合并　　D. 同一控制下的企业合并

三、多项选择题

1.以合并方式为基础，企业合并分为（　　）。

A.控股合并　　B.吸收合并

C.新设合并　　D.同一控制下的企业合并

2.下列各项中，属于长期股权投资的有（　　）。

A. 对子公司的权益性投资

B. 对合营企业的权益性投资

C. 对联营企业的权益性投资

D. 对营利性企业的权益性投资

3.投资企业能够对被投资单位实施控制应满足的条件有（　　）。

A. 投资方拥有对被投资方的权力

B. 通过参与被投资方的相关活动而享有可变回报

C. 有能力运用对被投资方的权力影响其回报金额

D. 对一个企业的财务和经营政策有参与决策的权力

任务二　长期股权投资的初始计量

一、判断题

1. 同一控制下的企业合并形成的长期股权投资，合并方以转让非现金资产作为合并对价的，应当以转让的非现金资产的公允价值作为长期股权投资的初始投资成本。（　　）

2. 企业合并形成的长期股权投资，合并方为进行企业合并发生的各项直接相关费用均不计入投资成本，而应计入发生当期损益。（　　）

3. 投资者投入的长期股权投资，应按投资合同或协议规定的价值作为初始投资成本。（　　）

4. 非同一控制下企业合并形成的长期股权投资，发生的直接相关费用直接计入投资成本。（　　）

5. 在非同一控制下的企业合并中所形成的长期股权投资，实际支付的价款或对价中包含的已宣告但尚未发放的现金股利或利润，应作为“应收股利”处理。（　　）

二、单项选择题

1.在同一控制下的企业合并形成的长期股权投资，合并方以支付现金作为合并对价的，应当在合并日按照取得被合并方所有者权益（　　），作为长期股权投资的初始投资成本。

A.账面价值　　B.公允价值

C.账面价值的份额　　D.公允价值的份额

2.甲公司和乙公司是同一企业集团内的企业。2023年1月1日，甲公司发行普通股500万股（股票面值为每股1元，市价为每股5元）取得乙公司80%的股权，并准备长期持有。乙公司2023年1月1日的净资产账面价值总额为3 000万元，可辨认净资产的公允价值为3 200万元。甲公司取得乙公司股份时的初始投资成本为（　　）万元。

A.500　　B.2 500　　C.2 400　　D.2 560

3.在非同一控制下的企业合并形成的长期股权投资，合并成本为（　　）。

A.购买方因合并而支付对价的公允价值之和

B.购买方因合并而支付对价的公允价值之和及各项合并费用

C.被购买方净资产的公允价值份额

D.被购买方净资产的公允价值份额及各项合并费用

4.A、B两家公司属于非同一控制下的企业。A公司于2023年7月1日以本企业的库存商品对B公司投资，取得B公司60%的股份。该库存商品成本900万元，公允价值为1 250万元。同日B公司净资产账面价值2 000万元，公允价值2 500万元。则合并成本为（　　）万元。

A.1 250　　B.1 500　　C.2 000　　D.2 500

5.企业合并过程中发生的审计、法律服务、评估咨询等中介费用以及其他相关管理费用，应当于发生时记入（　　）科目。

A.“资本公积”　　B.“其他综合收益”

C.“管理费用”　　D.“合并成本”

三、多项选择题

1.下列有关同一控制下企业合并取得的长期股权投资的说法中，正确的有（　　）。

A.在合并日按照取得被合并方所有者权益账面价值的份额，作为长期股权投资的初始成本

B.长期股权投资初始成本与支付的现金、转让的非现金资产账面价值之间的差额，首先调整资本公积

C.实际支付的价款中包含的已宣告但尚未发放的现金股利应作为“应收股利”处理

D.企业合并过程中发生的审计、法律服务、评估咨询等费用，应当于发生时计入当期损益

2.在同一控制下，合并方以转让非现金资产作为合并对价形成的长期股权投资，涉及的所有者权益类科目有（　　）。

A.“股本”　　B.“资本公积”

C.“盈余公积”　　D.“利润分配——未分配利润”

3.下列各项中，不能计入非同一控制下企业合并形成的长期股权投资初始成本的有（　　）。

A.支付对价的公允价值

B.合并发生的各项直接相关费用

C.企业合并承担债务支付的费用

D.企业合并过程中发生的中介费用

4.在非同一控制下企业合并形成的长期股权投资中，下列费用应计入管理费用的有（　　）。

A.企业合并过程中发生的审计、法律服务、评估咨询等中介费用

B. 合并发生的各项直接相关费用

C. 企业合并承担债务支付的费用

D. 企业合并过程中发生的其他相关管理费用

5. 在非同一控制下的企业合并过程中，以发行权益性证券取得的长期股权投资而支付的手续费、佣金可能减少（　　）。

A. 股本　　B. 资本公积

C. 盈余公积　　D. 利润分配——未分配利润

任务三　长期股权投资的后续计量

一、判断题

1. 投资企业拥有被投资企业20%以下表决权资本，但具有重大影响的，也应采用权益法进行核算。（　　）

2. 企业处置长期股权投资时，应同时结转已计提的长期股权投资减值准备。（　　）

3. 处置长期股权投资，其账面价值与实际取得价款的差额，应当计入当期损益。（　　）

4. 长期股权投资采用权益法核算时，投资企业按照被投资单位宣告分派的利润或现金股利计算应分得的部分，相应减少长期股权投资的账面价值。（　　）

5. 采用成本法核算的长期股权投资应当按照初始投资成本计价。（　　）

6. 在成本法下，当被投资企业发生盈亏时，投资企业并不做账务处理。（　　）

7. 资产负债表日，长期股权投资发生减值的，应按减值的金额，借记“投资收益”科目，贷记“长期股权投资减值准备”科目。（　　）

8. 长期股权投资采用权益法核算，其初始投资成本与应享有被投资单位可辨认净资产公允价值份额之间存在的差额应调整其投资成本。（　　）

9. 投资单位对于被投资单位除净损益、其他综合收益和利润分配外所有者权益的其他变动，应当调整长期股权投资的账面价值并计入当期损益。（　　）

10. 在成本法下，投资企业在确认自被投资企业应分得的现金股利或利润后，应当考虑长期股权投资是否发生减值。（　　）

二、单项选择题

1. 采用权益法核算长期股权投资的情况下，被投资企业宣告分派现金股利时，投资企业对应分得的现金股利，应当（　　）。

A. 贷记“应收股利”科目　　B. 贷记“投资收益”科目

C. 贷记“长期股权投资”科目　　D. 借记“长期股权投资”科目

2. 长期股权投资采用成本法核算，在被投资企业宣告分派现金股利时，投资企业的会计处理为（　　）。

A. 借记“应收股利”科目，贷记“投资收益”科目

B. 借记“长期股权投资”科目，贷记“投资收益”科目

C. 借记“银行存款”科目，贷记“投资收益”科目

D. 借记“银行存款”科目，贷记“应收股利”科目

3.在权益法下，当被投资企业增加资本公积时，投资企业在确认应享有的份额时，贷记的会计科目为（　　）。

A.“投资收益”　B.“营业外收入”　C.“资本公积”　D.“盈余公积”

4.采用权益法核算时，下列各项会引起投资企业长期股权投资账面价值发生增减变化的是（　　）。

A.被投资企业接受现金捐赠　B.被投资企业接受实物捐赠

C.被投资企业宣告分派股票股利　D.被投资企业宣告分派现金股利

5.下列各项说法不正确的是（　　）。

A.投资企业能够对被投资单位实施控制的长期股权投资，应采用成本法核算

B.投资企业对被投资单位具有共同控制的长期股权投资，应采用权益法核算

C.成本法下，初始投资成本始终不变

D.投资企业对被投资单位具有重大影响的长期股权投资，应采用权益法核算

6.A公司于2023年1月1日用货币资金购入B公司发行在外股份的25%，实际支付价款500万元，另支付相关税费5万元，同时，B公司可辨认净资产的公允价值为2 200万元，所有者权益账面价值总额为2 100万元。A公司2023年1月1日应确认的营业外收入为（　　）万元。

A.45　B.0　C.50　D.20

7.在权益法下，当被投资企业减少其他综合收益时，投资企业在确认应享有的份额时，贷记的会计科目为（　　）。

A.“其他综合收益”　B.“营业外收入”

C.“资本公积”　D.“盈余公积”

8.下列资产减值损失一经确认，在以后会计期间不得转回的是（　　）。

A.应收账款减值损失　B.其他债权投资减值损失

C.债权投资减值损失　D.长期股权投资减值损失

三、多项选择题

1.采用权益法核算时，下列各项中，不会引起长期股权投资账面价值发生变动的有（　　）。

A.收到被投资单位分派的股票股利　B.被投资企业实现净利润

C.被投资企业以资本公积转增资本　D.投资企业计提长期股权投资减值准备

2.下列各项中，应采用权益法核算的有（　　）。

A.投资企业对被投资企业无控制、无共同控制且无重大影响

B.投资企业对被投资企业共同控制

C.投资企业对被投资企业控制

D.投资企业对被投资企业产生重大影响

3.对长期股权投资进行后续计量的方法有（　　）。

A.成本法　B.直线法　C.实际利率法　D.权益法

4.在长期股权投资权益法下，下列各项中，投资企业不进行账务处理的有（　　）。

A.被投资企业提取法定盈余公积　B.被投资企业宣告分派现金股利

C.被投资企业用资本公积转增资本　　D.被投资企业用盈余公积转增资本

5.下列各项中，投资企业不应确认为投资收益的有（　　）。

A.成本法核算被投资企业收到已确认的现金股利

B.权益法核算被投资企业增加其他综合收益

C.权益法核算被投资企业宣告发放股票股利

D.权益法核算被投资单位实现净利润

6.在长期股权投资权益法下，投资企业应确认为投资收益的有（　　）。

A.被投资企业实现净利润

B.被投资企业发生亏损

C.被投资企业宣告发放现金股利

D.被投资企业出售持有的长期股权投资

第三部分　职业实践能力训练

实训一

目的：实训长期股权投资的初始计量

资料：有关长期股权投资的业务如下：

（1）3月1日，A公司向同一集团内的A_1公司发行1 400万股普通股（每股面值1元，市价3.5元），取得A_1公司100%的股权。合并日A公司净资产4 000万元（其中股本3 500万元、资本公积300万元、盈余公积200万元）。合并日A_1公司净资产账面价值1 000万元，公允价值1 200万元。

（2）4月1日，B公司向同一集团内的B_2公司以支付现金400万元、转让设备（原价800万元、累计折旧300万元，公允价值450万元）作为合并对价，取得B_2公司80%的股权。合并日B公司净资产3 000万元（其中股本2 800万元、资本公积100万元、盈余公积100万元）。合并日B_2公司净资产账面价值1 000万元，公允价值1 200万元。

（3）4月8日，甲公司向C公司发行400万股普通股（每股面值1元，公允价值4元），取得C公司100%的股权。合并日C公司净资产账面价值2 000万元，公允价值1 800万元。

（4）5月10日，乙公司向D公司以支付现金200万元、转让商品（成本300万元、公允价值400万元）作为合并对价，取得D公司60%的股权。合并日D公司净资产账面价值500万元，公允价值600万元。商品增值税税率为13%。

（5）6月18日，丙公司以银行存款320万元购买E公司20%的股权，并准备长期持有。

（6）8月8日，丁公司向F公司发行100万股普通股（每股面值1元，公允价值6元），取得E公司30%的股权，另以银行存款支付发行费用20万元。

要求：请逐题编制上述经济业务事项的会计分录（答案中的金额单位用万元表示）。

实训二

目的：实训长期股权投资的后续计量（成本法）

资料：M公司有关长期股权投资的业务如下：

（1）2022年1月2日，购入A公司发行的股票75 000股，占A公司股份的60%，准备长期持有，采用成本法进行后续计量。该股票单价6元/股，另支付有关费用36 500元。

（2）2022年3月10日，A公司宣告发放现金股利800 000元。

（3）2022年3月20日，收到A公司分来的现金股利。

（4）2022年度，A公司实现净利润500万元。

（5）2023年4月10日，A公司宣告分派现金股利，每股1.2元。

（6）2023年4月28日，收到现金股利存入银行。

（7）2023年12月31日，该长期股权投资的可收回净额为440 000元。

（8）2024年3月4日，企业将该股票全部出售，取得价款463 000元。

要求：编制M公司上述经济业务事项的会计分录。

实训三

目的：实训长期股权投资的后续计量（权益法）

资料：兴达公司发生的有关长期股权投资业务如下：

（1）2022年4月2日，以每股10.4元的价格从证券市场购入甲公司的股票300万股，每股价格中包含0.4元的已宣告但尚未分派的现金股利，另支付相关税费20万元。购入的股票占甲公司发行在外股份的25%，并准备长期持有，且能够对甲公司的财务和经营政策施加重大影响，采用权益法进行后续计量。

（2）2022年4月10日，公司收到分来的购买该股票时已宣告分派的现金股利。

（3）2022年度，甲公司实现净利润800万元。

（4）2023年3月，甲公司增加其他综合收益30万元。

（5）2023年度，甲公司发生净亏损200万元。

（6）2024年2月28日，将甲公司的股票全部出售，收到价款净额3 400万元，款项已由银行收妥。

要求：编制上述经济业务事项的会计分录（答案中的金额单位用万元表示）。

实训四

目的：实训长期股权投资的后续计量（权益法）

资料：莲花公司有关长期股权投资的经济业务如下：

（1）2022年1月5日，以950万元（含支付的相关费用1万元）购入乙公司股票400万股，每股面值1元，占乙公司实际发行在外的股票的30%，并对乙公司产生重大影响。2022年12月31日，乙公司所有者权益公允价值总额为4 000万元。

（2）2022年度，乙公司实现净利润800万元。

（3）2023年3月10日，乙公司宣告分派现金股利200万元。

（4）2023年3月28日，企业收到现金股利。

（5）2023年度，乙公司实现净利润460万元。

（6）2024年4月18日，乙公司产生资本公积20万元。

（7）2024年度，乙公司亏损100万元。

（8）2024年度，企业对乙公司的长期股权投资的可收回净额为1 480万元。

要求：编制莲花公司长期股权投资的会计分录（答案中的金额单位用万元表示）。

项目五

固定资产核算

第一部分 知识点、技能点回顾

一、固定资产的基本知识

（一）固定资产概念

固定资产是指为生产商品、提供劳务、出租或经营管理而持有的，使用寿命超过一个会计年度的有形资产。

（二）固定资产的成本构成

固定资产的成本是指企业购建某项固定资产达到预定可使用状态前所发生的一切合理、必要的支出。这些支出包括：直接发生的价款、运费、包装费和安装成本等，也包括间接发生的，如应承担的借款利息、外币借款折算差额以及应分摊的其他间接费用。

（三）会计科目设置

为了反映和监督固定资产的取得、计提折旧和处置等情况，企业一般需要设置“固定资产”“累计折旧”“在建工程”“工程物资”“固定资产清理”等科目。

二、取得固定资产的核算

（一）外购固定资产

企业外购固定资产时，应借记“固定资产”“在建工程”“应交税费——应交增值税（进项税额）”等科目，贷记“银行存款”等科目。

以一笔款项购入多项没有单独标价的固定资产，应当按照各项固定资产的公允价值比例对总成本进行分配，分别确定各项固定资产的成本。

（二）自行建造固定资产

企业自行建造固定资产，应按建造该项资产达到预定可使用状态前所发生的必要支出，作为固定资产的成本入账。自建固定资产分为自营和出包两种方式，都应先通过“在建工程”科目核算固定资产的成本。

（三）投资者投入固定资产

投资者投入固定资产，按照投资合同或协议约定的价值，借记“固定资产”“应交税费——应交增值税（进项税额）”科目，贷记“实收资本（或股本）”等科目。

三、固定资产折旧

（一）固定资产折旧的概念

固定资产折旧是指在固定资产的使用寿命内，按照确定的方法对应计折旧额进行的系统分摊。

（二）影响固定资产折旧的因素

影响折旧的因素主要有：（1）固定资产原价；（2）预计净残值；（3）固定资产减值准备；（4）固定资产的使用寿命。

（三）固定资产的折旧范围

（1）空间范围：除已提足折旧仍继续使用的固定资产和单独计价入账的土地不计提

折旧外，企业应当对所有固定资产计提折旧。

（2）时间范围：固定资产应当按月计提折旧，当月增加的固定资产，当月不计提折旧，从下月起计提折旧；当月减少的固定资产，当月仍计提折旧，从下月起不计提折旧。

（四）固定资产折旧的计算方法

企业应当根据与固定资产有关的经济利益的预期实现方式，合理选择固定资产折旧方法。固定资产折旧方法包括年限平均法、工作量法、双倍余额递减法和年数总和法等。四种固定资产折旧方法的计算见表5-1。

表5-1 四种固定资产折旧方法的计算

折旧方法	概念	折旧率计算公式	月折旧额	特点
年限平均法	根据固定资产的应计折旧总额和预计使用寿命来平均计算折旧的方法	$年折旧率=\frac{1-预计净残值率}{预计使用寿命(年)}\times 100\%$	固定资产原价×年折旧率/12	每期折旧额都是相等的
工作量法	根据固定资产的应计折旧额和预计在使用寿命内的工作量来计算折旧的方法	$每单位工作量折旧额=\frac{固定资产原价\times(1-预计净残值率)}{预计总工作量}$	当月工作量×每单位工作量折旧额	固定资产的折旧额与其损耗程度相符，费用分摊较为合理
双倍余额递减法	在不考虑固定资产预计净残值的情况下，根据每期期初固定资产原价减去累计折旧后的金额和双倍的直线折旧率计算固定资产折旧的方法	$年折旧率=\frac{2}{预计使用寿命(年)}\times 100\%$	（固定资产原价-预计净残值）×月折旧率	折旧率是固定不变的，而折旧额逐年递减；使用寿命到期前两年内，平均摊销
年数总和法	是指将固定资产的原价减去预计净残值后的余额，乘以一个逐年递减的分数来计算每年折旧额的方法	$年折旧率=\frac{尚可使用年限}{预计使用寿命的年限总和}\times 100\%$	（固定资产原价-预计净残值）×月折旧率	折旧率是逐年递减的，而计提折旧的基数是固定不变的

（五）固定资产折旧的核算

企业每月计提的折旧额应按照固定资产的用途和使用部门，分别记入“在建工程”“制造费用”“管理费用”“销售费用”“其他业务成本”“合同履约成本”等科目。

四、固定资产后续支出的核算

（一）固定资产后续支出的概念及内容

固定资产的后续支出是指固定资产在使用过程中发生的更新改造支出、修理费用等。

固定资产的后续支出，满足固定资产确认条件的，应当计入固定资产成本，如有被替换的部分，应同时将被替换部分的账面价值从该固定资产原账面价值中扣除；不满足固定资产确认条件的后续支出，应当在发生时计入当期损益，即固定资产的后续支出应予以费用化。

（二）固定资产后续支出的核算

固定资产发生的可资本化的后续支出，通过“在建工程”科目归集发生的料、工、费，达到预定可使用状态时，借记“固定资产”科目，贷记“在建工程”科目。

固定资产的日常维护支出应在发生时费用化处理，计入当期损益，分别记入“管理费用”“销售费用”等科目。

五、固定资产处置的核算

固定资产处置包括固定资产的出售、报废、毁损、对外投资、非货币性资产交换、债务重组等。本项目只介绍固定资产的出售、报废、毁损情形，其他类型在以后的项目中予以介绍。固定资产出售、报废、毁损的会计处理见表5-2。

表5-2　固定资产出售、报废、毁损的会计处理

<table>
<tr><th colspan="2">业务内容</th><th>会计处理</th></tr>
<tr><td colspan="2">固定资产转入清理</td><td>借：固定资产清理
　　累计折旧
　　固定资产减值准备
　　贷：固定资产</td></tr>
<tr><td colspan="2">发生的清理费用</td><td>借：固定资产清理
　　贷：银行存款、库存现金等</td></tr>
<tr><td colspan="2">收回价款、残料价值和变价收入或保险赔偿</td><td>借：银行存款
　　原材料
　　其他应收款
　　贷：固定资产清理
　　　　应交税费——应交增值税（销项税额）</td></tr>
<tr><td rowspan="2">结转清理净损益</td><td>净收益</td><td>借：固定资产清理
　　贷：资产处置损益、营业外收入</td></tr>
<tr><td>净损失</td><td>借：资产处置损益、营业外支出
　　贷：固定资产清理</td></tr>
</table>

六、固定资产清查和减值的核算

（一）固定资产盘盈

企业在财产清查中盘盈的固定资产，作为前期差错处理。企业在财产清查中盘盈的固定资产，在按管理权限报经批准处理前应先通过“以前年度损益调整”科目核算。

（二）固定资产盘亏、毁损

企业在财产清查中盘亏、毁损的固定资产，按盘亏、毁损的固定资产的账面价值，

转入“待处理财产损溢”科目，按管理权限报经批准后处理时，分别列入“其他应收款”“营业外支出”等科目。

（三）固定资产减值

固定资产在资产负债表日发生减值的，按减记的金额确认为减值损失，计入当期损益，同时计提相应的资产减值准备。固定资产减值损失一经确认，在以后会计期间不得转回。

第二部分　职业判断能力训练

任务一　固定资产的确认和计量

一、判断题

1. 企业持有固定资产的目的，是出售、提供劳务、出租或经营管理需要。（　　）

2. 一般使用寿命超过一个会计年度的资产，都应该确认为固定资产。（　　）

3. 一般来说，凡是所有权已属于企业的固定资产，无论企业是否收到或拥有，均可作为企业的固定资产。（　　）

4. 固定资产的成本是指企业购建某项固定资产达到预定可使用状态前所发生的一切合理、必要的支出。（　　）

5. “固定资产清理”科目期末应无余额。（　　）

二、单项选择题

1. 下列各项中，不属于固定资产的是（　　）。

A. 房屋建筑物　　B. 生产用的机器设备
C. 待售出的商品房　　D. 管理用的办公设备

2. 下列各项不属于使用中的固定资产的是（　　）。

A. 大修理停用的固定资产　　B. 内部替换使用的固定资产
C. 出租给其他单位使用的固定资产　　D. 更新改造中的固定资产

3. 企业大多采用（　　）的方法作为编制固定资产目录、进行固定资产核算的依据。

A. 经济用途分类　　B. 使用情况
C. 综合分类　　D. 管理要求

4. “固定资产”科目的期末借方余额反映（　　）。

A. 期末固定资产的账面原价　　B. 期末固定资产的账面净值
C. 期末固定资产的账面价值　　D. 期末固定资产的重置成本

三、多项选择题

1. 购入固定资产的入账价值包括（　　）。

A. 运杂费　　B. 买价　　C. 途中保险费　　D. 进口关税

2. 下列各项中，不应计入固定资产入账价值的有（　　）。

A. 采购固定资产人员的差旅费　　B. 固定资产修理发生的费用

C. 购置固定资产发生的运杂费　　D. 购置生产用设备支付的增值税

3. 下列各项中，应计入固定资产初始成本的有（　　）。

A. 固定资产的安装费　　B. 资本化借款利息

C. 购置固定资产的买价　　D. 购置生产用设备支付的增值税

4. 下列各项属于“固定资产清理”账户借方反映的内容有（　　）。

A. 转出的固定资产账面价值　　B. 清理过程中应支付的相关税费

C. 出售固定资产取得的价款　　D. 报废固定资产收回的残料价值

5. 固定资产按经济用途分类可以分为（　　）。

A. 使用中的固定资产　　B. 未使用的固定资产

C. 生产经营用固定资产　　D. 非生产经营用固定资产

任务二　固定资产的初始计量

一、判断题

1. 企业外购固定资产的成本包括购买价款、相关税费、使固定资产达到预定可使用状态前所发生的可归属于该项资产的其他支出。（　　）

2. 购入需要安装的固定资产，会计上先通过“在建工程”科目核算。（　　）

3. 盘盈、盘亏、报废、毁损的工程物资，减去保险公司、过失人赔偿部分后的差额，调整在建工程的成本。（　　）

4. 按暂估价值转入的固定资产，待办理竣工决算手续后再调整原来的暂估价值，但不需要调整原已计提的折旧额。（　　）

5. 企业支付给建造承包商的工程价款作为工程成本，通过“在建工程”科目核算。（　　）

二、单项选择题

1. 企业购入一不需要安装的设备，取得的增值税专用发票上注明设备买价 50 000 元，增值税 6 500 元，支付运输费 1 500 元，则该设备的入账价值为（　　）元。

A. 58 000　　B. 56 500　　C. 51 500　　D. 50 000

2. 以一笔款项购入多项没有单独标价的固定资产，应当按照各项固定资产的（　　）比例对总成本进行分配，分别确定各项固定资产的成本。

A. 历史成本　　B. 公允价值　　C. 账面价值　　D. 重置成本

3. 企业收到投资人投入的生产设备一台，账面成本 810 000 元，已提折旧 150 000 元，合同约定该设备的价值为 600 000 元，增值税税率为 13%。则固定资产的入账价值为（　　）元。

A. 810 000　　B. 560 000　　C. 678 000　　D. 600 000

三、多项选择题

1. 下列各项中，构成企业固定资产价值的有（　　）。

A. 购买生产设备支付的增值税　　B. 支付的车辆购置税

C.进口设备的关税　　D.支付的车船税

2.下列各项中，需要通过“在建工程”科目核算的有（　　）。

A.不需安装的固定资产　　B.需要安装的固定资产

C.固定资产的改扩建　　D.在建工程人员的工资

3.下列各项中，在会计上需要暂估入账的有（　　）。

A.货款尚未支付，货物已经到达，月末尚未收到发票账单等

B.固定资产已达到预定可使用状态，但尚未办理竣工决算的

C.工程期间发生的工程物资盘亏、盘盈

D.接受投资的固定资产

任务三　固定资产的后续计量

一、判断题

1.固定资产折旧是指在固定资产的使用寿命内，按照确定的方法对应计折旧额进行的系统分摊。（　　）

2.企业应当根据税法规定的计提折旧方法，合理选择固定资产折旧方法。（　　）

3.应计折旧额是指应当计提折旧的固定资产的原价扣除其预计净残值和减值准备后的金额。（　　）

4.固定资产的使用寿命，是指企业使用固定资产的预计期间，或者该固定资产所能生产产品或提供劳务的数量。（　　）

5.处于更新改造过程停止使用的固定资产，应将其账面价值转入在建工程，不再计提折旧。（　　）

6.采用年限平均法计提折旧，每年折旧额相等，每月折旧额相等。（　　）

7.采用工作量法计提折旧与其损耗程度相符，所以费用分摊较为合理。（　　）

8.按双倍余额递减法计提的折旧额在任何时期都大于按平均年限法计提的折旧额。（　　）

9.采用双倍余额递减法计提固定资产折旧，在固定资产使用寿命到期前2年内，将固定资产账面净值平均摊销。（　　）

10.企业至少应于每年年度终了，对固定资产的使用寿命、预计净残值和折旧方法进行复核。（　　）

11.企业应当根据与固定资产有关的经济利益的预期实现方式，合理选择固定资产折旧方法。（　　）

12.固定资产的后续支出，符合固定资产确认条件的，应当计入固定资产成本。（　　）

13.企业对固定资产进行更新改造时，应当将该固定资产的成本转入在建工程。（　　）

14.固定资产发生的后续支出，通过“在建工程”科目核算。（　　）

15.发生后续支出的固定资产达到预定可使用状态时，应按重新确定的使用寿命、预计净残值和折旧方法计提折旧。（　　）

16. 固定资产的日常维护支出应在发生时费用化处理，计入当期损益。（　　）

二、单项选择题

1. 企业购入一不需要安装的设备，取得的增值税专用发票上注明设备买价50 000元，预计残值收入4 000元，预计清理费用1 000元，则该设备应计折旧额为（　　）元。

A.50 000　　B.46 000　　C.47 000　　D.53 000

2. 下列固定资产按规定不应计提折旧的是（　　）。

A. 经营租入的设备　　B. 非生产经营用设备

C. 经营租出的设备　　D. 未使用的设备

3. 企业目前从该项资产处置中获得的扣除预计处置费用后的金额称为（　　）。

A. 应计折旧额　　B. 预计净残值

C. 原始价值　　D. 资产减值损失

4. 对固定资产计提折旧将使企业的资产负债表中（　　）。

A. 资产净值减少　　B. 负债增加

C. 资产总额不变　　D. 对资产和负债均无影响

5. 某设备采用工作量法计提折旧，设备原价153万元，预计生产产品产量为450万件，预计净残值率为3%，本月生产产品10万件，则该设备本月折旧额为（　　）万元。

A.2.67　　B.2.63　　C.3.298　　D.3.4

6. 某设备入账价值为100万元，预计净残值为5.6万元，预计使用年限为5年，采用双倍余额递减法计提折旧，则该设备第3年应计提的折旧额为（　　）万元。

A.24　　B.14.4　　C.20　　D.8

7. 企业6月15日自行建造的生产线投入使用，其建造成本370万元，预计使用年限5年，预计净残值10万元，采用年数总和法计提折旧，当年该设备应计提的折旧额为（　　）万元。

A.120　　B.70　　C.60　　D.74

8. 生产车间闲置不用的固定资产，其应提的折旧额应记入的会计科目是（　　）。

A. “管理费用”　　B. “生产成本”

C. “制造费用”　　D. “营业外支出”

9. 下列折旧方法中，实际上采用两种折旧计算方法的是（　　）。

A. 年限平均法　　B. 双倍余额递减法

C. 工作量法　　D. 年数总和法

10. 现行企业会计制度规定折旧率是（　　）。

A. 个别折旧率　　B. 分类折旧率

C. 综合折旧率　　D. 年度折旧率

11. 固定资产改良过程中替换下来的设备变价收入应记入（　　）科目。

A. “营业外收入”　　B. “资产处置损益”

C. “管理费用”　　D. “在建工程”

12.企业生产车间使用的固定资产发生的修理费应记入的会计科目是（　　）。

A.“管理费用”　　B.“制造费用”

C.“生产成本”　　D.“销售费用”

13.企业对一建筑物进行改建，其原价为100万元，已提折旧60万元，改建过程中发生支出30万元，取得变价收入5万元，该建筑物改建后的入账价值为（　　）万元。

A.130　　B.125　　C.70　　D.65

三、多项选择题

1.下列各项中，按会计制度规定应计提折旧的有（　　）。

A.季节性停用的机器设备　　B.大修理停用的机器设备

C.不需用的机器设备　　D.已提足折旧的固定资产

2.下列各项中，影响固定资产折旧的因素有（　　）。

A.固定资产的预计使用年限　　B.固定资产取得时的原始价值

C.固定资产的净残值　　D.已计提的固定资产减值准备

3.下列各项关于固定资产折旧的说法正确的有（　　）。

A. 当月增加的固定资产，当月不计提折旧，从下月起计提折旧

B. 当月减少的固定资产，当月仍计提折旧，从下月起不计提折旧

C. 已提足折旧的固定资产，不论能否继续使用，均不再计提折旧

D. 已达到预定可使用状态但尚未办理竣工决算的固定资产，按估计价值计提折旧

4.下列折旧方法中，属于加速折旧法的有（　　）。

A.年限平均法　　B.双倍余额递减法

C.工作量法　　D.年数总和法

5.双倍余额递减法和年数总和法这两种方法计算固定资产折旧，共同点有（　　）。

A.都属于加速折旧法　　B.每期折旧率固定

C.前期折旧多，后期折旧少　　D.不考虑净残值

6.下列折旧方法中，一开始计算折旧率或折旧额需要考虑净残值的有（　　）。

A.年限平均法　　B.双倍余额递减法

C.工作量法　　D.年数总和法

7.企业计提固定资产折旧额时可以记入的成本、费用科目有（　　）。

A.“管理费用”　　B.“在建工程”

C.“制造费用”　　D.“其他业务成本”

8.下列各项中，属于固定资产后续支出的有（　　）。

A.固定资产更新支出　　B.固定资产改造支出

C.固定资产装修装潢支出　　D.固定资产日常维修支出

9.企业将固定资产转入更新改造时，可能涉及的会计科目有（　　）。

A.“固定资产”　　B.“在建工程”

C.“累计折旧”　　D.“固定资产减值准备”

10.不符合资本化条件的固定资产后续支出，在发生支出时可能记入的会计科目

有（ ）。

A.“制造费用” B.“管理费用”

C.“销售费用” D.“其他业务成本”

任务四 固定资产处置的核算

一、判断题

1. 固定资产处置包括固定资产的出售、报废、盘亏和毁损等情形。（ ）

2. “固定资产清理”科目期末一定无余额。（ ）

3. 固定资产处置的净损益应该转到“营业外收入”或“营业外支出”科目。（ ）

4. 出售固定资产发生的增值税不影响固定资产处置的净损益。（ ）

二、单项选择题

1. 出售固定资产发生的净损失，应记入的科目是（ ）。

A.“资产处置损益” B.“营业外收入”

C.“营业外支出” D.“管理费用”

2. 下列各项中，不属于固定资产处置的是（ ）。

A. 出售固定资产 B. 固定资产报废

C. 固定资产盘亏 D. 固定资产毁损

三、多项选择题

1. 固定资产清理结束后，其净损益可能转入的会计科目有（ ）。

A.“资产处置损益” B.“营业外收入”

C.“营业外支出” D.“管理费用”

2. 下列各项中，影响固定资产处置净损益的有（ ）。

A. 计提固定资产的折旧累计金额 B. 收回的残料价值

C. 有关责任单位的赔偿 D. 出售固定资产的账面成本

任务五 固定资产清查和减值的核算

一、判断题

1. 固定资产减值损失一经确认，在以后期间不得转回。（ ）

2. 盘盈的固定资产，应作为待处理财产损溢处理。（ ）

3. 企业应定期或者至少每年年末对固定资产进行清查盘点一次。（ ）

二、单项选择题

1. 盘盈固定资产时，应借记“固定资产”科目，贷记（ ）科目。

A.“营业外收入” B.“待处理财产损溢”

C.“资产处置损益” D.“以前年度损益调整”

2. 资产负债表日，固定资产发生减值时，应借记“资产减值损失”科目，贷记（ ）科目。

A.“固定资产” B.“固定资产减值”

C. “固定资产减值准备”　　　　D. “固定资产准备”

3. 企业在财产清查中，盘盈设备一台，重置成本70 000元，估计4成新，企业适用的所得税税率为25%，企业按净利润的10%计提法定盈余公积。该业务调增盈余公积的金额为（　　）元。

A.7 000　　B.2 800　　C.4 200　　D.2 100

三、多项选择题

1. 下列各项中，引起固定资产账面价值增减变动的有（　　）。

A. 计提固定资产减值准备　　B. 完成对固定资产的改扩建

C. 对固定资产进行日常修理　　D. 计提固定资产折旧

2. 盘盈固定资产的，经批准处理时涉及的会计科目有（　　）。

A. “盈余公积”　　B. “待处理财产损溢”

C. “以前年度损益调整”　　D. “利润分配——未分配利润”

3. 下列各项中，可以作为盘盈固定资产的入账价值的有（　　）。

A. 同类或类似固定资产的市场价格　　B. 同类或类似固定资产的公允价值

C. 预计未来现金流量的现值　　D. 同类或类似固定资产的净值

第三部分　职业实践能力训练

实训一

目的：实训固定资产取得的核算

资料：某企业发生下列固定资产的取得业务：

（1）购入不需要安装的生产设备一部，价值250 000元，增值税32 500元，运杂费3 000元，增值税270元。价款以银行存款支付，生产设备已交付车间使用。

（2）购入一条生产线，价值4 400 000元，增值税572 000元，途中运杂费4 000元，增值税360元。价款签发商业汇票支付。设备交付生产车间安装。

（3）以银行存款支付安装费3 000元，增值税270元，支付安装工人工资1 000元。

（4）设备已安装完毕，交付车间使用。

（5）接受甲公司投入设备一台，对方账面成本80 000元，累计折旧16 000元，双方协商作价55 000元，增值税税率为13%。

（6）以银行存款预付出包办公楼工程进度款820 000元，增值税73 800元。

（7）接收基建部门的办公楼移交手续，工程造价1 200 000元，以银行存款支付尾款及税款。

（8）以银行存款支付车辆购置税100 000元。

要求：编制上述有关固定资产的会计分录。

实训二

目的：实训固定资产自营工程的核算

资料：企业发生下列与自营建筑安装工程相关的经济业务：

（1）用银行存款购入为工程准备的各种物资，取得的增值税专用发票上注明的价款为400 000元，增值税为52 000元。

（2）工程实际领用工程物资300 000元。

（3）工程领用企业生产用原材料一批，实际成本50 000元。

（4）分配工程人员工资40 000元。

（5）企业辅助生产车间为工程提供劳务支出13 000元。

（6）工程达到预定可使用状态并交付使用。

要求：根据上述资料，计算固定资产入账价值，并逐题编制相关会计分录。

实训三

目的：实训固定资产折旧的计算和核算

资料：企业有一台设备，初始成本1 500 000元，预计可使用5年，预计残值收入80 000元，清理费用20 000元。

要求：

（1）计算预计净残值及净残值率。

（2）如果采用年限平均法计提折旧，请计算年折旧率、年折旧额及月折旧额。

（3）如果采用工作量法计提折旧，假定总工作量为生产100万件产品，本月实际生产2万件产品。请计算每件产品应计折旧额及本月折旧额。

（4）如果采用年数总和法计提折旧，请计算填写表5-3。

表5-3 采用年数总和法计提折旧表 金额单位：元

年限	应计折旧额	年折旧率	年折旧额	月折旧额	年累计折旧额
1					
2					
3					
4					
5					
	合计			—	—

（5）如果采用双倍余额递减法计提折旧，请计算填写表5-4。

表5-4 采用双倍余额递减法计提折旧表 金额单位：元

年限	年初账面余额	年折旧率	年折旧额	月折旧额	年累计折旧额
1					
2					
3					
4					
5					
	合计			—	—

实训四

目的：综合实训固定资产的核算

资料：企业购入一台需要安装的设备并交付安装，有关资料如下：

（1）取得的增值税专用发票上注明价款2 400 000元，增值税312 000元，运费20 000元，增值税1 800元，以银行存款支付。

（2）安装过程中领用工程物资140 000元，应付安装人员薪酬38 000元。

（3）当年5月份设备安装完毕投入生产车间使用。

（4）该设备预计使用5年，预计净残值率5%，采用年数总和法计提折旧。

要求：

（1）根据资料编制相关会计分录。

（2）何时计提固定资产折旧，为什么？

（3）计算第1年固定资产折旧，并编制第1个月的固定资产折旧分录。（以万元为单位）

实训五

目的：实训固定资产后续支出的核算

资料：甲公司对一台生产用升降机械进行更换电动机，有关资料如下：

（1）升降机械原价400 000元（其中的电动机在2019年6月30日的市场价格为85 000元），预计净残值为0，预计使用年限为10年，采用年限平均法计提折旧。

（2）2023年6月30日，该升降机械出现故障，经检修发现其中的电动机磨损严重，需要更换。该升降机械购买于2019年6月30日，甲公司已将其整体作为一项固定资产进行了确认。

（3）为继续使用该升降机械并提高工作效率，甲公司决定对其进行改造，为此购买了一台更大功率的电动机替代原电动机。新购置电动机的价款为82 000元，增值税税额为10 660元，款项已通过银行转账支付。

（4）改造过程中，辅助生产车间发生了劳务支出15 000元。

（5）假定原电动机磨损严重，没有任何价值，不考虑其他相关税费。

要求：

（1）计算升降机械及电动机转入在建工程时的累计折旧及账面价值。

（2）计算升降机械改造后的成本。

（3）编制上述经济业务的会计分录。

实训六

目的：实训固定资产处置的核算

资料：企业购入的设备于2020年6月18日安装完毕，达到预定可使用状态，其入账价值132 000元，预计使用5年，预计净残值率5%，采用平均年限法计提折旧。

2023年4月10日该设备由于经常出现故障，难以修复予以报废。报废时支付清理费用5 000元；残值收入8 000元，增值税1 040元，各款项都通过银行存款收付。

要求：

（1）计算确认固定资产累计折旧及账面净值。

（2）编制固定资产报废清理的会计分录。

实训七

目的：实训固定资产处置的核算

资料：甲公司将一座办公楼出售，原价为8 800 000元，已提折旧3 800 000元，出售价格为7 500 000元，增值税税率为9%，以银行存款支付清理费用330 000元。

要求：编制固定资产出售清理的会计分录。

实训八

目的：实训固定资产清查和减值的核算

资料：甲公司2022年12月发生的与固定资产有关的业务如下：

（1）11月中旬购买一台设备供生产车间使用，采用工作量法计提折旧。该设备原价60万元，预计总工作时数为20万小时，预计净残值为5万元。该设备12月份工作量为4 000小时。

（2）某办公楼原价620万元，预计使用年限20年，预计净残值20万元，采用平均年限法计提折旧。到2022年12月已使用满15年。

（3）公司总部的一辆轿车使用期满予以报废。该轿车原价37万元，预计使用年限6年，净残值1万元，采用平均年限法计提折旧。报废汽车出售收入4万元，增值税0.52万元，出售收入存入银行。

（4）年末盘点发现账外设备一台，重置成本4万元，6成新。

（5）盘亏一台笔记本电脑，账面原价0.8万元，累计折旧0.7万元。经批准列入损失。

（6）上述办公楼年代已久，经减值测试可变现净值为112万元。

（7）除以上（1）、（2）项固定资产以外，其他固定资产本月计提折旧18万元，其中：生产车间折旧12万元，行政部门固定资产折旧6万元。

（8）企业所得税税率为25%，法定盈余公积提取率为10%。

要求：

（1）计算甲公司2022年12月份应计提的折旧额，并编制计提折旧的会计分录。

（2）请编制第（3）（4）（5）（6）题的会计分录。

项目六

无形资产及其他资产的核算

第一部分　知识点、技能点回顾

一、无形资产的基本知识

（一）无形资产概念

无形资产是指企业拥有或者控制的、没有实物形态的可辨认非货币性资产，主要包括专利权、非专利技术、商标权、著作权、土地使用权、特许权等。

（二）无形资产的确认

无形资产在满足两个条件时，企业才能加以确认，即：（1）与该无形资产有关的经济利益很可能流入企业；（2）该无形资产的成本能够可靠地计量。

二、无形资产的核算

（一）无形资产取得的核算

企业取得无形资产应按照成本计量，对于不同途径取得的无形资产，其成本构成也不完全相同，见表6-1。

表6-1　无形资产取得的会计处理

业务类型	成本组成	会计分录
外购的无形资产	成本包括购买价款、相关税费以及直接归属于使该项资产达到预定用途所发生的其他支出	借：无形资产 应交税费——应交增值税（进项税额） 贷：银行存款等
投资者投入的无形资产	成本应当按照投资合同或协议约定的价值确定，但是合同或协议约定的价值不公允的除外	借：无形资产 应交税费——应交增值税（进项税额） 贷：实收资本、资本公积
取得土地使用权	应当按照取得时所支付的价款及相关税费确认为无形资产。但属于投资性房地产的土地使用权，应当按照投资性房地产进行会计处理	借：无形资产 贷：银行存款

（二）内部研究开发形成的无形资产

对于企业自行进行的研究开发项目，应当区分研究阶段支出和开发阶段支出分别进行核算，如图6-1所示。

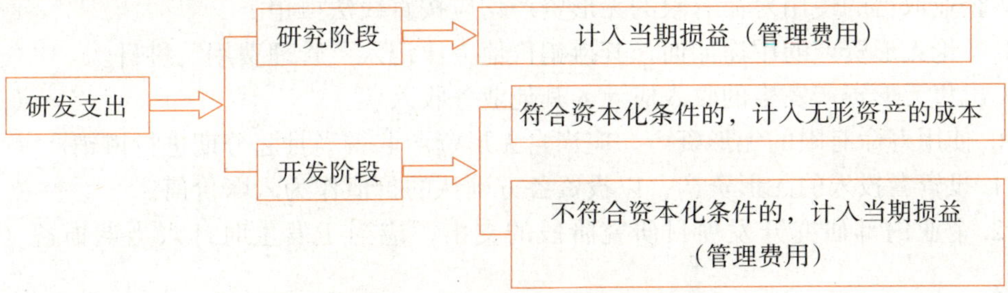

图6-1　研发支出的会计处理

（三）无形资产的摊销

企业应当于取得无形资产时分析判断其使用寿命。无形资产的使用寿命如为有限的应进行摊销，使用寿命不确定的无形资产不应摊销。

无形资产的应摊销金额为其成本扣除预计残值后的金额，已计提减值准备的还应扣除已计提的无形资产减值准备累计金额。企业摊销无形资产应当自无形资产可供使用时起，至不再作为无形资产确认时止。无形资产的摊销方法包括直线法、生产总量法等。

（四）无形资产的转让、减值和报废

（1）无形资产转让有两种形式：一是转让无形资产的使用权，即出租，出租收入在其他业务收入核算；二是转让无形资产的所有权，即出售，出售净损益列入“资产处置损益”科目。

（2）无形资产发生减值的，应当将减记的金额确认为减值损失，计入当期损益，同时计提相应的资产减值准备。

（3）如果某项无形资产预期不能为企业带来经济利益，应当将该无形资产的账面价值予以转销，将其账面价值转作当期损益（营业外支出）。

第二部分 职业判断能力训练

任务一 无形资产的核算

一、判断题

1. 企业自创商誉以及内部产生的品牌、报刊名等，不应确认为无形资产。（ ）

2. 无形资产是指企业拥有或者控制的、没有实物形态的可辨认货币性资产。（ ）

3. 企业为宣传自创并已注册登记的商标而发生的相关费用，应在发生时直接计入当期损益。（ ）

4. 企业为获得土地使用权而发生的支出应予以资本化，计入无形资产成本。（ ）

5. 企业应将其所拥有的一切专利权都予以资本化，作为无形资产核算。（ ）

6. 已计入各期损益的研究与开发费用，在相关技术依法申请取得专利权时，应予以转回并计入专利权的入账价值。（ ）

7. 企业取得的使用寿命有限的无形资产均应按直线法摊销。（ ）

8. 不论无形资产的用途如何，其摊销价值一律记入“管理费用”科目。（ ）

9. 出售无形资产发生的收入应计入其他业务收入。（ ）

10. 使用寿命有限的无形资产，应当自无形资产取得当月起分期进行摊销。（ ）

11. 投资者投入的无形资产，以投资各方确认的价值作为入账价值。（ ）

12. 企业内部研究开发项目研究阶段的支出，应当于发生时计入当期损益（管理费用）。（ ）

13. 无法区分研究阶段和开发阶段的支出，应当在发生时全部费用化，计入当期

损益。（　　）

14. 无法合理确定无形资产为企业带来经济利益的期限的，才能将其作为使用寿命不确定的无形资产。（　　）

15. 无形资产预期不能为企业带来经济利益的，应当将该无形资产的账面价值予以转销，其账面价值转作当期损益（营业外支出）。（　　）

16. 企业应在会计期末对取得的所有无形资产进行摊销。（　　）

17. 使用寿命有限的无形资产的残值应当视为零。（　　）

二、单项选择题

1. 下列各项中，应确认为无形资产的是（　　）。

A. 企业自创商誉　　B. 企业内部产生的品牌

C. 企业拥有的高技术人才　　D. 企业购入的专利权

2. 下列各项中，由于无法与企业自身分离而存在，不具有可辨认性的是（　　）。

A. 商誉　　B. 专利权　　C. 著作权　　D. 商标权

3. 下列各项中，不受专利法保护的对象是（　　）。

A. 发明专利权　　B. 实用新型专利权

C. 外观设计专利权　　D. 非专利技术

4. 自行研究开发无形资产，在研制过程中发生的人员工资在发生时应记入的科目是（　　）。

A. "管理费用"　　B. "无形资产"

C. "其他业务成本"　　D. "研发支出"

5. 企业出售无形资产发生的净损失，应记入的科目是（　　）。

A. "营业外支出"　　B. "其他业务成本"

C. "资产处置损益"　　D. "投资收益"

6. 按照现行会计制度的规定，下列各项中，企业应作为无形资产入账的是（　　）。

A. 开办费

B. 为获得土地使用权支付的土地出让金

C. 广告费

D. 开发新技术过程中发生的研究开发费

7. 企业出租无形资产取得的收入，应当记入的科目是（　　）。

A. "主营业务收入"　　B. "其他业务收入"

C. "营业外收入"　　D. "投资收益"

8. 自创并经法律程序申请取得的无形资产，其申请登记费应记入的科目是（　　）。

A. "管理费用"　　B. "无形资产"

C. "销售费用"　　D. "其他业务成本"

9. 用于产品生产的专利权的摊销，应记入的科目是（　　）。

A. "管理费用"　　B. "制造费用"

C. "销售费用"　　D. "其他业务成本"

10.对使用寿命有限的无形资产进行摊销时，应贷记的会计科目是（　　）。

A."累计摊销"　　B."公允价值变动损益"

C."无形资产"　　D."资产减值损失"

11.甲公司出售所拥有的无形资产一项，取得收入300万元，增值税18万元。该无形资产取得时实际成本为400万元，已摊销120万元。出售该项无形资产应计入当期损益的金额为（　　）万元。

A.72　　B.38　　C.2　　D.20

12.如果无法区分研究阶段和开发阶段的支出，应当在发生时（　　）。

A.全部费用化，计入当期损益

B.全部确认为无形资产

C.按适当比例划分计入当期损益和无形资产的金额

D.由企业自行决定计入当期损益或者无形资产

13.为运行自行开发无形资产发生的培训支出，应列入（　　）。

A.无形资产的开发成本　　B.管理费用

C.研发支出　　D.制造费用

三、多项选择题

1.关于无形资产的确认，应同时满足的条件有（　　）。

A.该资产产生的经济利益很可能流入企业

B.该资产的成本能够可靠地计量

C.符合无形资产的定义

D.该资产的收入能够可靠地计量

2.下列各项中，属于会计上的无形资产的有（　　）。

A.专利权　　B.非专利技术　　C.商誉　　D.土地使用权

3.下列各项中，属于无形资产特征的有（　　）。

A.不具备实物形态　　B.具有可辨认性

C.属于非货币性资产　　D.价值具有不确定性

4.企业自行开发并取得的专利权发生的下列费用，如果开发成功，则可以计入专利权入账价值的有（　　）。

A.发生的注册费　　B.发生的聘请律师费

C.发生的材料费用　　D.发生的开发人员的人工费

5.下列各项中，会引起无形资产账面价值发生增减变动的有（　　）。

A.对无形资产计提减值准备　　B.报废无形资产

C.摊销无形资产成本　　D.转让无形资产所有权

6.影响出售无形资产的净损益的项目包括（　　）。

A.累计摊销　　B.出售无形资产取得的收入

C.无形资产的成本　　D.出售无形资产时应交纳的增值税

7.下列各项支出中，应计入无形资产成本的有（　　）。

A.购入专利权发生的支出　　B.购入非专利技术发生的支出

C.取得土地使用权发生的支出　　D.研究开发新技术发生的支出

8.按现行企业会计制度的规定，下列各种提法中，正确的有（　　）。

A.使用寿命有限的无形资产，其残值一般为零

B.无形资产应自取得当月起进行摊销

C.无形资产的摊销方法是直线法

D.企业的研究开发费用应作为无形资产核算

9.无形资产的摊销金额，可以记入的会计科目有（　　）。

A.“管理费用”　　B.“其他业务成本”

C.“研发支出”　　D.“制造费用”

任务二　其他资产的核算

一、判断题

1.出租人为取得融资租赁发生的成本，应当在租赁期开始日计入当期损益。（　　）

2.使用权资产，是指承租人可在租赁期内使用租赁资产的权利。（　　）

3.租赁期开始日，是指承租人提供租赁资产使其可供承租人使用的起始日期。（　　）

4.承租人发生的租赁初始直接费用应该计入使用权资产的成本。（　　）

5.长期待摊费用是指企业已经发生但应由以后各期负担的分摊期限在一年以上的各项费用。（　　）

二、单项选择题

1.生产商或经销商出租人为取得融资租赁发生的成本，应当在租赁期开始日计入（　　）。

A.管理费用　　B.固定资产成本

C.使用权资产成本　　D.长期应收款

2.下列各项中，属于“长期待摊费用”核算范围的是（　　）。

A.自有固定资产发生大修理费用

B.固定资产的更新改造支出

C.融资租赁方式租入的固定资产发生的改良支出

D.经营租赁方式租入的固定资产发生的改良支出

3.出租人按实际利率分摊未实现融资收益时，应借记“未实现融资收益”科目，贷记（　　）科目。

A.“管理费用”　　B.“主营业务收入”

C.“财务费用”　　D.“长期应收款”

三、多项选择题

1.下列各项中，属于长期应收款核算内容的有（　　）。

A.融资租赁产生的应收款项

B. 采用延期收款方式销售商品产生的应收票据

C. 采用递延方式分期收款、实质上具有融资性质的提供劳务产生的应收款项

D. 采用递延方式分期收款、实质上具有融资性质的销售商品产生的应收款项

2. 下列各项中，属于使用权资产初始成本的有（　　）。

A. 租赁负债的初始计量金额　　B. 已经发生的租赁付款额

C. 初始直接费用　　D. 预计成本

3. 下列各项中，属于使用权资产初始直接费用的有（　　）。

A. 租赁合同的印花税　　B. 租赁发生的佣金、律师费

C. 租赁发生的差旅费　　D. 租赁发生的谈判费

第三部分　职业实践能力训练

实训一

目的：实训无形资产的核算

资料：A企业有关无形资产业务如下：

（1）2020年1月10日，从B公司购入一项产品生产专利权，以银行存款支付买价和有关费用共计240 000元，增值税14 400元。

（2）该专利权的法定有效年限为15年，合同规定的使用年限为10年。2023年6月12日，A企业将该无形资产出售，取得价款收入159 000元（含税）存入银行（增值税税率为6%），不考虑其他税费。无形资产摊销采用直线法。

要求：

（1）编制取得无形资产的会计分录。

（2）编制每月摊销无形资产的会计分录。

（3）编制出售无形资产的会计分录。

实训二

目的：实训自行研发无形资产的核算

资料：甲公司从2022年开始自行研制和开发一项产品生产专利，有关资料如下：

（1）2022年2—6月发生研究费用187 000元，其中领用材料15 000元，应付职工薪酬160 000元，使用其他产品专利摊销额12 000元。

（2）2022年7—12月发生开发费用280 000元，其中领用材料40 000元，应付职工薪酬180 000元，用银行存款支付其他费用60 000元，增值税税额7 800元。这些支出符合资本化条件。

（3）2023年1月，以银行存款支付律师费7 000元、注册费1 000元，并取得专利权，正式投入产品生产。

（4）该专利权法定使用年限10年，预计使用年限12年，采用直线法进行摊销。

（5）假定2029年7月10日，因企业生产转型，企业将该无形资产出售，取得收入8万元，增值税税率为6%。

要求：

（1）根据资料（1）编制2022年企业自行研究无形资产的相关会计分录。

（2）根据资料（2）编制2022年企业自行开发无形资产的相关会计分录。

（3）根据资料（3）编制2023年取得专利权的会计分录。

（4）根据资料（4）编制2023年取得专利权当月摊销的会计分录。

（5）根据资料（5）编制2029年出售专利权的会计分录。

实训三

目的：实训无形资产的核算

资料：某企业发生有关无形资产的经济业务如下：

（1）企业购入土地使用权100亩准备用于建造厂房，共支付5 000 000元存款。

（2）接受一公司投资一项专利权，双方评估确认价值400 000元，增值税24 000元。投资后，A公司享有星海公司20%的股权并产生重大影响，投资当日公司的所有者权益账面价值为120万元，公允价值为150万元。

（3）企业自行研制开发专利权一项，应付研究人员的研究费用为180 000元。

（4）企业依法申请商标权一项，以银行存款支付发生的律师费10 000元、注册费3 000元。

（5）企业出租专有技术，收取租金10 000元，应交增值税600元。

（6）企业有一项专利权由于新技术出现导致发生减值迹象，经测试其可收回金额为120 000元，账面价值为168 000元。

（7）购入一项商标权，以银行存款支付价款320 000元，增值税19 200元。

（8）企业取得的一项特许权因国家政策调整不能继续使用，经批准予以报废。该特许权的成本为78 000元，累计摊销为54 000元。

要求：根据以上资料，逐题编制相关会计分录。

实训四

目的：实训其他资产的核算

资料：A企业发生经济业务如下：

（1）对经营租入办公楼进行改良，领用原材料60 000元，发生工人的工资费用32 000元。

（2）对生产的大型设备出租，租赁期4年，每年租金为55 000元，确认的租赁收款额的现值为180 000元，租赁资产账面成本为160 000元，公允价值为200 000元。

（3）年底收到出租大型设备的租金55 000元存入银行。

（4）租入一台精密仪器，确认的使用权资产初始成本为480 000元。

（5）按月计算使用权资产累计折旧10 000元。

（6）租入办公楼改良发生其他支出36 000元，增值税4 680元，以银行存款支付。

（7）租入办公楼改良发生辅助生产车间提供的劳务4 000元。

（8）租入办公楼改良已经完工，在2年内分摊，按月分摊费用。

要求：根据上述资料编制会计分录。

项目七

投资性房地产的核算

第一部分　知识点、技能点回顾

一、投资性房地产的基本知识

（一）投资性房地产的概念及范围

投资性房地产是指为赚取租金或资本增值，或者两者兼有而持有的房地产，主要包括已出租的土地使用权、持有并准备增值后转让的土地使用权和已出租的建筑物。

（二）投资性房地产的初始计量

（1）企业外购的投资性房地产，应当按照取得时的实际成本进行初始计量，其成本主要包括购买价款、相关税费和可直接归属于该资产的其他支出。

（2）自行建造投资性房地产的成本，由建造该项房地产达到预定可使用状态前发生的必要支出构成，包括土地开发费、建筑成本、安装成本、应予资本化的借款费用、支付的其他费用和分摊的间接费用等。

（三）投资性房地产的后续支出

（1）资本化的后续支出。企业对投资性房地产进行改建、扩建或者装修发生的支出，如果满足资本化确认条件，应当计入投资性房地产的成本。

（2）费用化的后续支出。与投资性房地产无关的后续支出，不满足资本化确认条件的，应当在发生时计入当期损益（其他业务成本）。

二、投资性房地产的日常核算

（一）投资性房地产的初始计量

投资性房地产的初始计量包括外购和自行建造两种情况。初始计量见表7-1。

表7-1　投资性房地产的初始计量

业务类型	成本组成	会计分录
外购的投资性房地产	主要包括购买价款、相关税费和可直接归属于该资产的其他支出	借：投资性房地产 　　应交税费——应交增值税（进项税额） 　贷：银行存款
自行建造的投资性房地产	包括土地开发费、建筑成本、安装成本、应予资本化的借款费用、支付的其他费用和分摊的间接费用等	借：投资性房地产 　贷：在建工程 　　　固定资产 　　　无形资产

（二）投资性房地产的后续计量

投资性房地产的后续计量可采用成本和公允价值两种模式，通常应当采用成本模式计量，满足特定条件时也可以采用公允价值模式计量。但是，同一企业只能采用一种模式对所有投资性房地产进行后续计量，不得同时采用两种计量模式。后续计量见表7-2。

表7-2　投资性房地产的后续计量

后续计量模式	会计处理规定
成本模式	（1）按照固定资产或无形资产的有关规定，按期（月）计提折旧或摊销，借记“其他业务成本”等科目，贷记“投资性房地产累计折旧”或“投资性房地产累计摊销”科目。 （2）取得的租金收入，借记“银行存款”等科目，贷记“其他业务收入”等科目。 （3）计提减值准备时，借记“资产减值损失”科目，贷记“投资性房地产减值准备”科目
公允价值模式	（1）不对投资性房地产计提折旧或摊销。 （2）资产负债表日，企业以投资性房地产的公允价值为基础调整其账面价值，公允价值与原账面价值之间的差额记入“公允价值变动损益”科目。 （3）取得的租金收入，列入“其他业务收入”等科目
投资性房地产后续计量模式的变更	成本模式转为公允价值模式的，应当作为会计政策变更处理，将计量模式变更时公允价值与账面价值的差额，调整期初留存收益

（三）投资性房地产的后续支出

（1）资本化的后续支出，如改扩建支出，应通过“投资性房地产——在建”科目核算，最后计入投资性房地产的成本。

（2）费用化的后续支出应计入当期损益，列入其他业务成本。

三、投资性房地产的转换和处置

（一）房地产的转换

房地产的转换是指房地产用途的变更。企业有确凿证据表明房地产用途发生改变，满足一定条件的，应当将投资性房地产转换为其他资产或者将其他资产转换为投资性房地产。其会计处理见表7-3。

表7-3　投资性房地产的转换

计量模式	转换类型	会计处理	会计分录
成本模式下转换	投资性房地产 ↓ 自用房地产	按该项投资性房地产在转换日的账面余额、累计折旧等，分别转入“固定资产”“累计折旧”等科目即可	借：固定资产/无形资产 　　投资性房地产累计折旧（摊销） 　贷：投资性房地产 　　　累计折旧/累计摊销
	自用房地产 ↓ 投资性房地产	按该项建筑物或土地使用权在转换日的原价、累计折旧等，分别转入“投资性房地产”、“投资性房地产累计折旧”或“投资性房地产累计摊销”等科目即可	借：投资性房地产 　　累计折旧/累计摊销 　贷：固定资产/无形资产 　　　投资性房地产累计折旧（摊销）
	存货房地产 ↓ 投资性房地产	按该项存货在转换日的账面价值转入“投资性房地产”科目	借：投资性房地产 　　存货跌价准备 　贷：开发产品

续表

计量模式	转换类型	会计处理	会计分录
公允价值模式下转换	投资性房地产 ↓ 自用房地产	以投资性房地产转换当日的公允价值作为自用房地产的账面价值，公允价值与原账面价值的差额计入当期损益	借：固定资产/无形资产 借或贷：投资性房地产——公允价值变动 借或贷：公允价值变动损益 贷：投资性房地产——成本
	自用房地产 ↓ 投资性房地产	按该项土地使用权或建筑物在转换日的公允价值，作为投资性房地产的成本，转换日的公允价值小于账面价值的差额，列入“公允价值变动损益”科目，大于的差额，列入“其他综合收益”科目	借：投资性房地产——成本 累计折旧/累计摊销 公允价值变动损益 贷：固定资产/无形资产 其他综合收益 投资性房地产累计折旧（摊销）
	存货房地产 ↓ 投资性房地产	按该项房地产在转换日的公允价值，作为“投资性房地产——成本”科目，转换日的公允价值小于账面价值的差额，列入“公允价值变动损益”科目，大于的差额，列入“其他综合收益”科目	借：投资性房地产——成本 公允价值变动损益 贷：开发产品 其他综合收益
	投资性房地产 ↓ 存货房地产	以其转换当日的公允价值作为存货的账面价值，公允价值与原账面价值的差额计入当期损益	借：开发产品 借或贷：投资性房地产——公允价值变动 借或贷：公允价值变动损益 贷：投资性房地产——成本

（二）房地产的处置

企业出售、转让、报废投资性房地产或者发生投资性房地产毁损，应当将处置收入扣除其账面价值和相关税费后的金额计入当期损益。投资性房地产处置的会计处理见表7-4。

表7-4　投资性房地产的处置

业务类型	会计处理	会计分录
成本模式下处置	按实际收到的金额，借记“银行存款”等科目，贷记“其他业务收入”“应交税费”科目；按投资性房地产的账面价值，借记“其他业务成本”“投资性房地产累计折旧（摊销）”等科目，贷记“投资性房地产”科目	借：银行存款 贷：其他业务收入 应交税费——应交增值税（销项税额） 借：其他业务成本 投资性房地产累计折旧（摊销） 贷：投资性房地产

续表

业务类型	会计处理	会计分录
公允价值模式下处置	按实际收到的金额，借记“银行存款”等科目，贷记“其他业务收入”“应交税费”科目；按投资性房地产的账面余额，借记“其他业务成本”科目，贷记“投资性房地产——成本”科目，按其累计公允价值变动，贷记或借记“投资性房地产——公允价值变动”科目	借：银行存款 　　贷：其他业务收入 　　　　应交税费——应交增值税（销项税额） 借：其他业务成本 借或贷：投资性房地产——公允价值变动 　　贷：投资性房地产——成本

第二部分　职业判断能力训练

任务一　投资性房地产的确认和计量

一、判断题

1. 企业出租的建筑物或土地使用权，只有能够单独计量和出售的才能确认为投资性房地产。（　　）

2. 经营租入的房地产再转租，该房地产应确认为投资性房地产。（　　）

3. 持有投资性房地产的目的是赚取租金或增值收益。（　　）

4. 已出租的土地使用权和建筑物是指经营出租活动，不包括融资租赁活动。（　　）

5. 企业外购的房地产，自租赁期开始日或用于资本增值之日起，才能确认为投资性房地产。（　　）

二、单项选择题

1. 下列各项中，属于投资性房地产的是（　　）。

A. 房地产开发企业销售的商品房　　B. 企业生产经营用的厂房、车间
C. 企业融资租赁出租的建筑物　　D. 企业用于经营性出租的办公楼

2. 下列各项中，属于投资性房地产的是（　　）。

A. 用于生产产品的建筑物　　B. 已出租的土地使用权
C. 已开发完成将用于出租的商品房　　D. 按照国家规定认定的闲置土地

3. 下列各项中，不属于投资性房地产的是（　　）。

A. 已出租的建筑物
B. 持有并准备增值后转让的土地使用权
C. 已出租的土地使用权
D. 以经营租赁方式租入的建筑物再转租给其他单位

4. 投资性房地产发生的费用化后续支出在发生时计入（　　）。

A. 当期损益　　B. 营业外支出

C.投资性房地产成本　　D.在建工程成本

三、多项选择题

1.下列各项中，属于投资性房地产的有（　　）。

A.已出租的建筑物　　B.持有并准备增值后转让的土地使用权

C.已出租的土地使用权　　D.房地产企业持有待售的商品房

2.按照投资性房地产准则的规定，下列各项属于投资性房地产的有（　　）。

A. 企业生产经营用的土地使用权

B. 企业出租给本企业职工居住并按照市场价格收取租金的宿舍

C. 房地产开发企业将作为存货的商品房以经营租赁方式出租

D. 房地产开发企业建造的楼盘部分出租、部分销售，出租部分能够单独计量的

3.持有投资性房地产的目的是（　　）。

A.赚取租金　　B.增值收益　　C.自己使用　　D.长期投资

4.下列各项中，属于投资性房地产资本化支出的有（　　）。

A.建筑物的改建支出　　B.房屋的扩建支出

C.房屋的装修装潢支出　　D.房屋建筑物的维护支出

5.下列各项中，属于投资性房地产的初始成本的有（　　）。

A.土地开发费　　B.建筑成本

C.安装成本　　D.应予资本化的借款费用

任务二　投资性房地产的日常核算

一、判断题

1.企业不论在成本模式下，还是在公允价值模式下，投资性房地产取得的租金收入，均确认为其他业务收入。（　　）

2.采用公允价值计量模式进行后续计量的房地产可能发生资产减值损失。（　　）

3.企业采用公允价值模式进行后续计量的，不应当对投资性房地产计提折旧或进行摊销。（　　）

4.采用公允价值模式计量的投资性房地产转为成本模式时，按照会计政策变更处理。（　　）

5.投资性房地产的计量模式由成本模式转为公允价值模式应当作为会计估计变更，采用未来适用法进行处理。（　　）

6.同一企业只能采用一种模式对所有投资性房地产进行后续计量，不得同时采用两种计量模式。（　　）

7.已经计提减值准备的投资性房地产，其减值损失在以后的会计期间不得转回。

（　　）

8.企业一旦选择采用公允价值计量模式，就应当对其所有投资性房地产均采用公允价值模式进行后续计量。（　　）

二、单项选择题

1.投资性房地产发生的费用化后续支出在发生时记入的会计科目是（　　）。

A.“其他业务成本” B.“管理费用”

C.“投资性房地产” D.“在建工程”

2.采用成本模式计量的投资性房地产，每月计提的折旧额应记入（ ）科目的借方。

A.“其他业务成本” B.“累计折旧”

C.“投资性房地产” D.“投资性房地产累计折旧”

3.公司购入一幢建筑物用于出租，取得的发票上注明的价款为100万元，办理产权证书5万元，发生的谈判费用为0.2万元，差旅费为0.3万元。该投资性房地产的入账价值为（ ）万元。

A.100 B.105 C.100.5 D.105.5

4.资产负债表日，以公允价值计量的投资性房地产，其公允价值与原账面价值之间的差额记入（ ）科目。

A.“其他业务成本” B.“管理费用”

C.“其他综合收益” D.“公允价值变动损益”

5.下列各项有关投资性房地产计量模式的说法，正确的是（ ）。

A.企业可以任意选择采用成本模式或者公允价值模式进行后续计量

B.企业可以同时采用成本和公允价值两种计量模式

C.成本模式转为公允价值模式的，应当作为会计政策变更处理

D.公允价值模式转为成本模式的，应当作为会计政策变更处理

6.投资性房地产不论是成本模式计量还是公允价值模式计量，取得的租金收入均通过（ ）科目核算。

A.“营业外收入” B.“投资收益”

C.“主营业务收入” D.“其他业务收入”

三、多项选择题

1.投资性房地产进行日常核算时，其正确的处理方法有（ ）。

A.投资性房地产均应按照成本进行初始计量

B.自行建造投资性房地产的成本，由建造该项资产达到预定可使用状态前所发生的必要支出构成

C.投资性房地产取得租金收入都在“其他业务收入”科目核算

D.投资性房地产采用成本模式进行后续计量，需要按月计提折旧或进行摊销

2.投资性房地产采用公允价值模式进行计量需要设置的账户有（ ）。

A.“投资性房地产累计折旧” B.“投资性房地产减值准备”

C.“投资性房地产” D.“公允价值变动损益”

3.关于投资性房地产的处理，下列各项的说法正确的有（ ）。

A.一般情况下，已经采用公允价值模式计量的同一项投资性房地产，不得从公允价值模式转入成本模式

B.已经采用成本模式计量的投资性房地产，不得从成本模式转为公允价值模式

C.采用公允价值模式计量的，不对投资性房地产计提折旧或进行摊销

D. 企业对投资性房地产计量模式一经确定不得随意变更

4. 下列关于投资性房地产的后续计量的表述正确的有（　　）。

A. 投资性房地产采用公允价值模式进行后续计量的，不计提折旧或进行摊销

B. 采用成本模式进行后续计量的投资性房地产，应当按月计提折旧或进行摊销

C. 采用成本模式进行后续计量的投资性房地产，可能发生资产减值业务

D. 如果已经计提减值准备的投资性房地产的价值又得以恢复，应当转回

5. 企业会计准则规定，投资性房地产的后续计量可以采用（　　）。

A. 成本法　　B. 权益法

C. 成本模式　　D. 公允价值模式

任务三　投资性房地产的转换和处置

一、判断题

1. 采用公允价值模式计量的投资性房地产转换为自用房地产时，转换当日的公允价值与原账面价值的差额计入公允价值变动损益。（　　）

2. 存货房地产转换为采用公允价值模式计量的投资性房地产时，转换当日的公允价值大于原账面价值的，其差额计入所有者权益。（　　）

3. 采用公允价值模式计量的投资性房地产转换为存货房地产时，转换当日的公允价值大于原账面价值的，其差额计入所有者权益。（　　）

4. 采用公允价值模式计量的投资性房地产转换为自用房地产时，转换当日的公允价值与原账面价值的差额计入当期损益。（　　）

5. 出售投资性房地产时，按其账面价值结转到主营业务成本。（　　）

二、单项选择题

1. 自用房地产转换为采用公允价值模式计量的投资性房地产时，转换日该房地产公允价值大于账面价值的差额，正确的会计处理是（　　）。

A. 计入资本公积　　B. 计入期初留存收益

C. 计入其他综合收益　　D. 计入公允价值变动损益

2. 下列各项中，能够影响企业当期损益的是（　　）。

A. 采用成本计量模式，期末投资性房地产的可收回金额高于账面价值

B. 采用成本计量模式，期末投资性房地产的可收回金额高于账面余额

C. 采用公允价值计量模式，期末投资性房地产的公允价值高于账面余额

D. 自用的房地产转换为采用公允价值模式计量的投资性房地产时，转换日房地产的公允价值大于账面价值

3. 3月1日企业将一项采用成本模式计量的投资性房地产转换为固定资产。该投资性房地产的账面余额为150万元，已计提折旧50万元，计提减值准备20万元。该房地产公允价值为120万元。3月1日固定资产的入账价值为（　　）万元。

A. 150　　B. 80　　C. 120　　D. 100

4. 公司将自用的办公楼转换为采用公允价值模式计量的投资性房地产，该办公楼的账面原值为5 000万元，已计提的累计折旧为1 100万元，转换日的公允价值为6 000万

元，则记入“其他综合收益”科目的金额为（ ）万元。

A.6 000　　B.4 900　　C.3 900　　D.2 100

5.存货转换为采用公允价值模式计量的投资性房地产，转换当日的公允价值小于原账面价值时，其差额记入的科目是（ ）。

A.“营业外支出”　　B.“公允价值变动损益”

C.“投资收益”　　D.“其他业务收入”

三、多项选择题

1.企业有确凿证据表明房地产用途发生改变，应当将投资性房地产转换为其他资产或者将其他资产转换为投资性房地产的有（ ）。

A.投资性房地产开始自用

B.作为存货的房地产，改为出租

C.自用建筑物停止自用，改为出售

D.自用土地使用权停止自用，用于资本增值

2.公司将采用公允价值模式计量的投资性房地产转为自用固定资产时，转换日该投资性房地产的公允价值为3 000万元，转换日“投资性房地产——成本”科目余额为2 300万元，“投资性房地产——公允价值变动”科目借方余额为200万元，则转换日正确的处理方法有（ ）。

A.记入“投资收益”科目借方500万元

B.记入“其他综合收益”科目贷方500万元

C.记入“公允价值变动损益”科目借方500万元

D.记入“固定资产”科目借方3 000万元

3.企业将自用房地产转换为采用公允价值模式计量的投资性房地产时，下列说法中正确的有（ ）。

A.自用房地产转换为采用公允价值模式计量的投资性房地产时，该项投资性房地产应当按照转换当日的公允价值计量

B.自用房地产转换为采用公允价值模式计量的投资性房地产时，该项投资性房地产应当按照转换当日的账面价值计量

C.转换当日的公允价值小于原账面价值的，其差额计入当期损益

D.转换当日的公允价值大于原账面价值的，其差额作为其他综合收益

4.下列有关按成本模式计量的投资性房地产处置会计处理的表述中，正确的有（ ）。

A.应当按确认的收入，贷记“其他业务收入”科目

B.按实际收到的价款，借记“银行存款”等科目

C.按该项投资性房地产的账面价值，借记“其他业务成本”科目

D.同时结转投资性房地产累计公允价值变动

5.下列有关按公允价值模式计量的投资性房地产处置会计处理的表述中，正确的有（ ）。

A.按实际收到的价款，借记“银行存款”等科目

B. 按该项投资性房地产的账面余额，借记“其他业务成本”科目
C. 按其累计公允价值变动，贷记或借记“投资性房地产——公允价值变动”科目
D. 若存在原转换日计入其他综合收益的金额，也一并结转

第三部分　职业实践能力训练

实训一

目的：实训投资性房地产的核算

资料：甲公司对投资性房地产采用成本模式进行后续计量，按净利润的10%计提盈余公积。有关业务如下：

（1）在新时代商业街购买门面房300平方米，价款1 200万元，增值税108万元，价税款以银行存款支付。门面房使用寿命30年，无残值，采用直线法计提折旧。取得门面房当日就予以出租，转为投资性房地产。

（2）以银行存款购入一块期限为50年的土地，成本为840万元，并在这块土地上开始自行建造甲、乙两栋厂房，其实际造价分别为1 400万元和1 600万元。1年后完工交付使用。

（3）公司将当时完工的甲厂房经营租赁给大华公司，列入投资性房地产核算。已知甲厂房占地面积40%，按直线法摊销。

（4）租赁合同规定：甲厂房租赁期为5年，年租金为120万元。目前公司收到大华公司预付半年租金存入银行。厂房使用寿命30年，无残值，采用直线法计提折旧。

（5）发生投资性房地产日常维护费用4万元，均以银行存款支付。

（6）2年后，企业将出租的门面房由成本模式转为公允价值模式进行后续计量。计量模式变更时该门面房的公允价值为1 800万元。

（7）年末，该门面房的公允价值为1 900万元。

要求：逐题编制有关投资性房地产的会计分录。

实训二

目的：实训投资性房地产转换和处置的核算

资料：大东公司有关投资性房地产的业务资料如下：

（1）20×1年1月10日，购入一块土地，支付价税款2 000万元，土地使用权的使用年限为50年，大东公司按年平均摊销。

（2）20×2年1月1日，公司在此土地上自行建造一栋写字楼自用，购入工程物资一批，增值税专用发票上注明的买价为400万元，增值税税额为52万元，工程物资已验收入库。

（3）工程领用全部工程物资，同时领用本公司自产产品一批40万元。

（4）应付工程人员薪酬合计43.5万元。

（5）20×2年6月30日，工程达到预定可使用状态并交付使用。该办公楼预计使用年限为40年，预计净残值为零，采用直线法计提折旧。

（6）20×5年12月20日，大东公司因另一写字楼完工交付使用，决定将写字楼经营出租给乙公司，租赁期为10年，年租金为60万元。出租时办公楼的公允价值为800万元。假定符合公允价值模式计量的条件，大东公司采用公允价值模式核算投资性房地产。

（7）20×6年12月25日，收到乙公司支付的20×6年度租金60万元。

（8）20×6年12月31日，该写字楼的公允价值为880万元。

（9）20×7年4月初，收回以前出租的仓库，并准备出售，该仓库成本340万元，已提折旧130万元。

（10）20×7年4月，将仓库出售，取得收入400万元及增值税36万元，价款存入银行。

要求：

（1）编制大东公司20×1年度的有关会计分录。

（2）编制大东公司20×2年度的有关会计分录。

（3）编制大东公司20×5年度将固定资产转为投资性房地产的有关会计分录。

（4）编制大东公司20×6年度有关投资性房地产的会计分录。

（5）编制大东公司20×7年度收回投资性房地产及出售的会计分录。

项目八

非货币性资产交换的核算

第一部分　知识点、技能点回顾

一、非货币性资产交换的基本知识

（一）非货币性资产交换的概念

非货币性资产交换是指企业主要以固定资产、无形资产、投资性房地产和长期股权投资等非货币性资产进行的交换，该交换不涉及或只涉及少量的货币性资产（即补价）。

（二）非货币性资产交换的确认和计量

非货币性资产交换应同时满足以下条件：（1）该项交换具有商业实质；（2）换入资产或换出资产的公允价值能够可靠计量的，应当以公允价值和应支付的相关税费作为换入资产的成本，公允价值与换出资产账面金额的差额计入当期损益。

不同时满足上述条件的，非货币性资产交换应当以换出资产的账面金额和应支付的相关税费作为换入资产的成本，不确认换出资产的当期损益。

二、以账面价值计量的非货币性资产交换

（一）基本规定

非货币性资产交换不具有商业实质，或者虽然具有商业实质但换入资产和换出资产的公允价值均不能可靠计量的，应当以账面价值为基础计量。对于换入资产，企业应当以换出资产的账面价值和应支付的相关税费作为换入资产的成本，无论是否支付补价，均不确认损益。

（二）会计处理

（1）不涉及补价的，以换出资产的账面价值加上应支付的相关税费，作为换入资产的入账价值，不涉及损益。

（2）如果涉及补价，分为支付补价和收到补价两种情况：

支付补价方：以换出资产的账面价值加上补价的账面价值和应支付的相关税费，作为换入资产的入账价值，不确认损益。

收到补价方：以换出资产的账面价值减去收到补价的公允价值，加上应支付的相关税费，作为换入资产的入账价值，不确认损益。

（3）对于同时换入的多项资产，按照各项换入资产的公允价值的相对比例，将换出资产的账面价值总额（加上支付补价的账面价值或减去收到补价的公允价值）分摊至各项换入资产，加上应支付的相关税费，作为各项换入资产的初始计量金额。换入资产的公允价值不能够可靠计量的，可以按照各项换入资产的原账面价值的相对比例或其他合理的比例对换出资产的账面价值进行分摊。

三、以公允价值计量的非货币性资产交换

（一）基本规定

非货币性资产交换具有商业实质，且换入资产和换出资产的公允价值均能可靠计量的，应当以公允价值为基础计量。对于换入资产，企业应当以换出资产的公允价值和应支付的相关税费作为换入资产的成本，换出资产公允价值与其账面价值之间的差额，确

认为当期损益。

（二）会计处理

（1）不涉及补价的，应当以换出资产的公允价值和应支付的相关税费作为换入资产的成本，换出资产公允价值与其账面价值之间的差额，确认为当期损益。

（2）如果涉及补价，分为支付补价和收到补价两种情况：

支付补价方：以换出资产的公允价值加上补价和应支付的相关税费，作为换入资产的入账价值，换出资产公允价值与其账面价值的差额计入当期损益。

收到补价方：以换出资产的公允价值减去补价加上应支付的相关税费，作为换入资产的入账价值，换出资产公允价值与其账面价值的差额计入当期损益。

（3）涉及多项非货币性资产交换的会计处理。按照换入的金融资产以外的各项换入资产公允价值相对比例，将换出资产公允价值总额（涉及补价的，加上支付补价的公允价值或减去收到补价的公允价值）扣除换入金融资产公允价值后的净额进行分摊，以分摊至各项换入资产的金额，加上应支付的相关税费，作为各项换入资产的成本进行初始计量。对于同时换出的多项资产，将各项换出资产的公允价值与其账面价值之间的差额，在各项换出资产终止确认时计入当期损益。

第二部分　职业判断能力训练

任务一　非货币性资产交换的确认和计量

一、判断题

1. 货币性资产，是指企业持有的货币资金和将以固定或可确定的金额收取的资产，包括现金、银行存款、以摊余成本计量的应收账款和应收票据以及债权投资等。（　　）

2. A公司以固定资产交换B公司的一项无形资产，则该交易属于非货币性资产交换。（　　）

3. 在非货币性资产交换中，只要该项交换具有商业实质，就可以按公允价值计量换入资产的成本。（　　）

4. 关联方关系的存在可能导致发生的非货币性资产交换不具有商业实质。（　　）

5. 企业以存货换取存货、固定资产等交换，也属于非货币性资产交换准则核算的内容。（　　）

6. 非货币性资产交换不涉及现金的流入或流出。（　　）

7. 如果非货币性资产交换以账面价值计量，不确认换出资产的当期损益。（　　）

8. 非货币性资产交换只要不具有商业实质，换入资产就应该采用账面价值计量。（　　）

二、单项选择题

1. 下列各项中，属于货币性资产的是（　　）。

A.无形资产　　B.长期股权投资

C.应收账款　　D.其他债权投资

2.下列各项中，属于非货币性资产的是（　）。

A.应收票据　B.银行存款　C.预付账款　D.债权投资

3.下列各项中，属于非货币性资产交换的是（　）。

A.以债权投资换入固定资产　　B.以银行汇票购买材料

C.以银行本票购买无形资产　　D.以固定资产换入长期股权投资

4.在确定涉及补价的交易是否为非货币性资产交换时，支付补价的企业，应当按照支付的补价占（　）的比例低于25%确定。

A. 换出资产公允价值

B. 换出资产公允价值加上支付的补价

C. 换入资产公允价值加上收到的补价

D. 换出资产公允价值减补价

5.下列各项中，属于非货币性资产交换的是（　）。

A. 用货币资金100万元购入原材料

B. 用应收账款100万元抵偿债务

C. 用银行存款30万元购入汽车

D. 用价值30万元的机器设备换取等值的汽车

6.下列各项中，属于非货币性资产交换的是（　）。

A. 以账面价值为100万元、公允价值为130万元的设备抵债130万元

B. 以公允价值为200万元的设备换入一条生产流水线，并支付补价60万元

C. 以公允价值为320万元的专利设备换入一项电子设备，并支付补价140万元

D. 以公允价值为300万元的交易性金融资产换入生产设备，并收到补价100万元

三、多项选择题

1.下列各项中，属于货币性资产的有（　）。

A.应收账款　　B.应收票据

C.交易性金融资产　　D.债权投资

2.下列各项符合货币性资产条件的有（　）。

A. 可以给企业带来经济利益

B. 具有流动性

C. 将为企业带来的经济利益是固定的

D. 将为企业带来的经济利益是可确定的

3.下列各项中，属于非货币性资产交换的有（　）。

A.以固定资产换入股权　　B.以原材料抵债

C.以固定资产抵债　　D.以无形资产换入无形资产

4.在计算补价占整个交易金额25%比例时，下列公式中正确的有（　）。

A. 收到的补价÷换出资产公允价值<25%

B. 收到的补价÷（收到的补价+换入资产公允价值）<25%

C. 支付的补价÷换入资产的公允价值<25%

D. 支付的补价÷（支付的补价+换出资产公允价值）<25%

5. 下列各项中，属于非货币性资产交换的有（　　）。

A. 以公允价值为20万元的无形资产换入机器设备，并支付补价2万元

B. 以公允价值为13万元的设备换入对方的应收账款11万元，并支付货币性资产2万元

C. 以公允价值为320万元的存货换入一项电子设备，并支付补价10万元

D. 以公允价值为300万元的交易性金融资产换入生产设备，并收到补价90万元

6. 下列各项有关非货币性资产交换的说法中，正确的有（　　）。

A. 只要非货币性资产交换具有商业实质，就应当以公允价值作为计量模式

B. 企业一般采用账面价值计量核算非货币性资产交换

C. 关联方关系的存在可能导致发生的非货币性资产交换不具有商业实质

D. 在公允价值计量模式下，需要确认换出资产的损益

7. 在非货币性资产交换中，具有商业实质表现的有（　　）。

A. 未来现金流量的风险、金额相同，时间分布不同

B. 未来现金流量的时间分布、金额相同，风险不同

C. 未来现金流量的风险、时间分布相同，金额不同

D. 换入资产或换出资产的公允价值能够可靠地计量

8. 以公允价值作为换入资产入账价值的条件有（　　）。

A. 换入的是非货币性资产

B. 收到补价或支付补价

C. 该项交换具有商业实质

D. 换入资产或换出资产的公允价值能够可靠地计量

任务二　以账面价值模式计量的非货币性资产交换

一、判断题

1. 非货币性资产交换不具有商业实质，或虽然具有商业实质但换入资产和换出资产的公允价值均不能可靠计量，应当以账面价值为基础计量。（　　）

2. 非货币性资产交换以账面价值为基础计量，无论是否支付补价，均不确认损益。（　　）

3. 非货币性资产交换以账面价值为基础计量，支付补价方以换出资产的账面价值减去补价的账面价值和应支付的相关税费，作为换入资产的入账价值。（　　）

二、单项选择题

1. 非货币性资产交换以账面价值为基础计量，下列各项中，不影响换入资产的入账价值的是（　　）。

A. 换入资产的公允价值　　　　B. 换出资产的增值税销项税额

C. 换出资产的账面价值　　　　D. 支付换入资产的相关费用

2. 甲公司以小汽车一辆换入乙公司的一项专利权。汽车的原值20万元，已提折旧9

万元，公允价值8万元，增值税税率为13%。专利权的原值12万元，已提摊销5万元，公允价值9万元，增值税税率为6%。

（1）假定该项交换不具有商业实质，则甲公司换入的专利权的入账价值为（　　）万元。

A.12　　B.9　　C.11.5　　D.11

（2）甲公司支付给乙公司现金0.5万元，其他条件不变，则甲公司换入的专利权的入账价值是（　　）万元。

A.11　　B.12　　C.11.5　　D.9.04

三、多项选择题

1.以账面价值为基础计量非货币性资产交换时，影响换入资产入账价值的因素有（　　）。

A.换入资产的账面价值　　B.换出资产的增值税销项税额

C.换出资产的账面价值　　D.换入资产的增值税进项税额

2.在不具有商业实质、涉及补价的非货币性资产交换中，影响换入资产的入账价值的因素有（　　）。

A.换出资产的账面价值　　B.换出资产计提的减值损失

C.换出资产支付的相关税费　　D.换出资产收到的补价

3.下列各项关于非货币性资产交换以账面价值计价时，正确的处理有（　　）。

A.以换出资产的账面价值作为确定换入资产成本的基础

B.换出资产终止确认时不确认损益

C.确定换入资产入账价值时不必考虑公允价值

D.为换入资产发生的相关费用应该计入换入资产的成本

任务三　以公允价值模式计量的非货币性资产交换

一、判断题

1.非货币性资产交换以公允价值为基础计量，无论是否支付补价，换出资产终止确认时均确认损益。（　　）

2.当非货币性资产交换同时满足“交换具有商业实质”和“换入资产和换出资产的公允价值能够可靠地计量”两个条件时，应当以公允价值为基础计量非货币性资产交换。（　　）

3.非货币性资产交换以公允价值为基础计量，换入资产和换出资产的公允价值均能够可靠计量的，一般以换出资产的公允价值为基础计量。（　　）

4.以公允价值为基础计量，对于同时换入的多项非货币性资产，应先扣除金融资产公允价值后的净额计算其他非货币性资产的取得成本。（　　）

二、单项选择题

1.非货币性资产交换以公允价值为基础计量，下列各项中，不影响换入资产的入账价值的是（　　）。

A.换入资产的公允价值　　B.换出资产的增值税销项税额

C. 换出资产的账面价值　　D. 支付换入资产的相关费用

2. 甲公司以设备换入乙公司的专利权和长期股权投资。设备的原值50万元，已计提折旧10万元，公允价值35万元，增值税税率为13%；专利权的原值18万元，已摊销5万元，公允价值12万元，增值税税率为6%；长期股权投资的成本20万元，公允价值24万元。

（1）该项交换采用公允价值计量基础，则甲公司换入的长期股权投资的入账价值为（　　）万元。

A.20　　B.24.27　　C.38.83　　D.14.56

（2）甲公司换入的专利权的入账价值是（　　）万元。

A.12　　B.12.94　　C.25.89　　D.14.56

（3）甲公司确认的终止资产损益为（　　）万元。

A.40　　B.15　　C.5　　D.4.28

3. 以公允价值为基础计量非货币性资产交换时，影响换入资产入账价值的因素有（　　）。

A. 换入资产的账面价值　　B. 换出资产的公允价值

C. 换出资产的账面价值　　D. 换入资产的公允价值

三、多项选择题

1. 以公允价值为基础计量非货币性资产交换时，影响换入资产入账价值的因素有（　　）。

A. 换出资产的账面价值　　B. 换出资产的增值税销项税额

C. 换出资产的公允价值　　D. 换入资产的增值税进项税额

2. 以公允价值作为换入资产入账价值的条件有（　　）。

A. 换入的是非货币性资产

B. 收到补价或支付补价

C. 该项交换具有商业实质

D. 换入资产或换出资产的公允价值能够可靠地计量

3. 下列各项关于非货币性资产交换以公允价值计价时，正确的处理有（　　）。

A. 以换出资产的公允价值作为确定换入资产成本的基础

B. 换出资产终止确认时将其公允价值与账面价值的差额计入当期损益

C. 换入资产发生的增值税进项税额不影响换入资产成本

D. 为换入资产发生的相关费用应该计入换入资产的成本

第三部分　职业实践能力训练

实训一

目的：实训以账面价值模式计量的非货币性资产交换的核算

资料：A公司和B公司均为增值税一般纳税人，现双方达成协议，A公司以一台设备交换B公司专利权。有关资料如下：

（1）设备的账面余额为160 000元，已计提折旧53 000元，计税价格为60 000元。

（2）专利权的账面余额为150 000元，已摊销65 000元，计税价格为70 000元。

（3）整个资产交换过程没有发生除增值税以外的其他相关税费。假定交换不具有商业实质。

要求：

（1）根据资料，编制A公司非货币性资产交换的会计分录。

（2）根据资料，编制B公司非货币性资产交换的会计分录。

实训二

目的：实训以账面价值模式计量的非货币性资产交换的核算

资料：甲公司和乙公司均为增值税一般纳税人，货物的增值税税率为13%，专利权的增值税税率为6%。现双方达成协议，甲公司以一台大型设备交换乙公司专利权和长期股权投资。有关资料如下：

（1）设备的账面余额为880 000元，已计提折旧150 000元，计税价格为700 000元。

（2）专利权的账面余额为200 000元，已摊销90 000元，公允价值为120 000元。

（3）长期股权投资账面余额为520 000元，公允价值为680 000元。

（4）甲公司支付补价2万元给乙公司。

（5）整个资产交换过程没有发生除增值税以外的其他相关税费，假定交换不具有商业实质。

要求：

（1）根据资料，计算甲公司取得的专利权和长期股权投资的入账价值。

（2）编制甲公司非货币性资产交换的会计分录。

（3）根据资料，计算乙公司取得的大型设备的入账价值。

（4）编制乙公司非货币性资产交换的会计分录。

实训三

目的：实训以公允价值模式计量的非货币性资产交换的核算

资料：A公司和B公司均为增值税一般纳税人，现双方达成协议，A公司以一台设备交换B公司一台车床。有关资料如下：

（1）设备的账面余额为180 000元，已计提折旧70 000元，公允价值为100 000元。

（2）车床的账面余额为200 000元，已计提折旧90 000元，公允价值为120 000元。

（3）A公司支付补价2.26万元给B公司。

（4）整个资产交换过程没有发生除增值税以外的其他相关税费，假定交换具有商业实质，且换入资产和换出资产的公允价值能够可靠计量。

要求：

（1）根据资料，编制A公司非货币性资产交换的会计分录。

（2）根据资料，编制B公司非货币性资产交换的会计分录。

实训四

目的：实训以公允价值模式计量的非货币性资产交换的核算

资料：甲公司和乙公司均为增值税一般纳税人，货物的增值税税率为13%，专利权的增值税税率为6%。现双方达成协议，甲公司以一台大型设备和交易性金融资产交换乙公司专利权、运输汽车和长期股权投资。有关资料如下：

（1）大型设备账面余额为150万元，已计提折旧30万元，公允价值110万元。

（2）交易性金融资产的账面余额为204万元（其中：成本为200万元，公允价值变动为4万元），公允价值为210万元。

（3）专利权的账面余额为35万元，已摊销14万元，公允价值为15万元。

（4）长期股权投资的账面余额为200万元，公允价值为240万元。

（5）运输汽车的账面原值为60万元，已计提折旧32万元，公允价值24万元。

（6）乙公司向甲公司支付银行存款40万元作为补价。

（7）甲公司和乙公司对换入的资产均不改变其用途。

（8）假设整个交易过程中没有发生除增值税以外的其他相关税费，非货币性资产交换具有商业实质且公允价值均能够可靠计量。

要求：

（1）根据资料，计算甲公司取得的专利权、运输汽车和长期股权投资的入账价值。

（2）编制甲公司非货币性资产交换的会计分录。

（3）根据资料，计算乙公司取得的一台大型设备和交易性金融资产的入账价值。

（4）编制乙公司非货币性资产交换的会计分录。

项目九

流动负债的核算

第一部分　知识点、技能点回顾

一、短期借款及金融负债的核算

（一）短期借款的核算

短期借款是指企业向银行或其他金融机构借入的期限在1年以下（含1年）的各种借款。

企业应设置“短期借款”和“应付利息”科目核算短期借款的取得、计息和到期归还。

（二）金融负债的核算

企业的应付票据、应付账款等均属于金融负债。

企业确认的金融负债应当按照公允价值进行初始计量。对于以公允价值计量且其变动计入当期损益的金融负债，相关交易费用应当直接计入当期损益，其他类型的金融负债的相关交易费用计入初始确认金额。

企业应设置“交易性金融负债”“应付票据”“应付账款”等科目核算金融负债。

二、应付职工薪酬的核算

（一）应付职工薪酬的内容

职工薪酬是指企业为获得职工提供的服务或解除劳动关系而给予的各种形式的报酬或补偿。职工薪酬包括短期薪酬、离职后福利、辞退福利和其他长期职工福利。

（二）应付职工薪酬的确认和计量

企业应当在职工为其提供服务的会计期间，将实际发生的短期薪酬确认为负债，并计入当期损益或计入相关资产成本。

货币性职工薪酬，按实际支付的金额计量；国家或地方政府规定标准的，按规定标准计量；非货币性福利按公允价值计量。这些职工薪酬都应当计入当期损益或计入相关资产成本。

（三）应付职工薪酬的核算

企业应设置“应付职工薪酬”科目核算职工薪酬的结算和分配情况，按“工资、奖金、津贴和补贴”“职工福利费”“非货币性福利”“社会保险费”“住房公积金”“工会经费和职工教育经费”“辞退福利”等明细科目进行明细核算。其核算内容见表9-1。

三、应交税费的核算

（一）应交税费的内容

应交税费是指企业根据税法规定应当交纳的各种税费，包括增值税、消费税、企业所得税、个人所得税、土地增值税、城市维护建设税、教育费附加、房产税、城镇土地使用税、车船税、矿产资源补偿费、印花税等。

表9-1　　职工薪酬核算内容及会计处理

职工薪酬项目		核算内容	会计处理
职工工资、奖金、津贴和补贴	确认时	对于职工工资、奖金、津贴和补贴等货币性职工薪酬，企业应当在职工为其提供服务的会计期间，将实际发生的职工工资、奖金、津贴和补贴等，根据职工提供服务的受益对象计入相关成本费用	借：生产成本/制造费用/合同履约成本/管理费用/在建工程/研发支出/销售费用等 贷：应付职工薪酬——工资、奖金、津贴和补贴
	实际发放时	按月实际发放职工工资、奖金、津贴和补贴时，按实发金额减少银行存款，对于由职工个人负担的个人所得税、社会保险费和住房公积金等项目应予以扣除	借：应付职工薪酬——工资、奖金、津贴和补贴 贷：银行存款 其他应付款——社会保险费/住房公积金 应交税费——应交个人所得税 其他应收款
职工福利费		企业应当在职工福利费实际发生时根据实际发生额计入当期损益或相关资产成本	借：生产成本/制造费用/合同履约成本/管理费用/在建工程/研发支出/销售费用等 贷：应付职工薪酬——职工福利费
国家规定计提标准的职工薪酬		工会经费、职工教育经费按全部职工工资总额的2%和8%计提，计入当期损益或相关资产成本	借：生产成本/制造费用/合同履约成本/管理费用/在建工程/研发支出/销售费用等 贷：应付职工薪酬——工会经费和职工教育经费
社会保险费和住房公积金		企业按当地政府规定的医疗保险费和工伤保险费标准计提时，计入当期损益或相关资产成本	借：生产成本/制造费用/合同履约成本/管理费用/在建工程/研发支出/销售费用等 贷：应付职工薪酬——社会保险费 ——住房公积金
非货币性职工薪酬		企业以自产产品作为非货币性福利发放给职工的，应当根据受益对象，按照该产品的含税公允价值计入相关资产成本或当期损益	借：生产成本/制造费用/合同履约成本/管理费用/在建工程/研发支出/销售费用等 贷：应付职工薪酬——非货币性福利 借：应付职工薪酬——非货币性福利 贷：主营业务收入/应交税费 借：主营业务成本 贷：库存商品
设定提存计划		企业按规定提存的养老保险和失业保险，确认为应付职工薪酬，并计入相关资产成本或当期损益	借：生产成本/制造费用/合同履约成本/管理费用/在建工程/研发支出/销售费用等 贷：应付职工薪酬——设定提存计划

（二）各项税费的具体内容

各项税费的具体内容及征收规定见表9-2。

表9-2　各项税费的具体内容及征收规定

税费项目	核算内容	征收规定
应交增值税	增值税是指以商品（含应税劳务、应税行为）在流转过程中实现的增值额作为计税依据而征收的一种流转税，属于价外税	增值税一般纳税人计算增值税大多采用一般计税方法；小规模纳税人一般采用简易计税方法
应交消费税	消费税是指国家对在我国境内生产、委托加工和进口应税消费品的单位和个人，按其流转额征收的一种税，属于价内税	消费税的征收采用从价定率、从量定额和从价定率从量定额复合计征三种方法
应交资源税	资源税是指国家对在我国境内开采矿产品以及生产盐的企业征收的一种税	资源税一般采用从量定额征收方法
应交城市维护建设税和教育费附加	根据纳税人实际交纳的增值税和消费税的税额为计税依据，专门用于城市维护建设、教育事业的附加税费	城市维护建设税实行比例税率，分为三档：7%、5%、1%。 教育费附加率为3%
应交土地增值税	对转让国有土地使用权、地上建筑物及其附着物并取得增值性收入的单位和个人所征收的一种税	按照转让房地产所取得的增值额和规定的税率计算征收

（三）应交增值税的核算

一般纳税人的应交增值税，应在“应交税费”科目下设置“应交增值税”“未交增值税”“预交增值税”“简易计税”“转让金融商品应交增值税”等明细科目进行核算。

小规模纳税人应在“应交税费——应交增值税”明细科目核算即可，不需要设置专栏。

（四）应交消费税的核算

企业应在“应交税费——应交消费税”明细科目核算，对应的科目有：“税金及附加”“在建工程”“委托加工物资”等科目。

（五）其他税费的核算

企业应在“应交税费”下设置“应交资源税”“应交城市维护建设税”“应交教育费附加”等明细科目核算，对应的科目主要是“税金及附加”科目。

四、其他流动负债的核算

其他流动负债的核算见表9-3。

表9-3 其他流动负债的核算

税费项目	核算内容	会计处理
合同负债	是指企业已收或应收客户对价而应向客户转让商品或提供服务的义务	按合同的规定向客户预收款项时，借记“银行存款”科目，贷记“合同负债”科目；销售实现时，按实现的收入和应交的增值税销项税额，借记“合同负债”科目，贷记“主营业务收入”“应交税费——应交增值税（销项税额）”科目
预收账款	是指企业按照合同的规定向购货单位预收的款项	按合同的规定向客户预收款项时，借记“银行存款”科目，贷记“预收账款”科目；销售实现时，按实现的收入和应交的增值税销项税额，借记“预收账款”科目，贷记“主营业务收入”“应交税费——应交增值税（销项税额）”科目
应付股利	是指企业根据股东大会或类似机构审议批准的利润分配方案确定分配给投资者的现金股利或利润	根据股东大会或类似机构审议批准的利润分配方案分配股利时，借记“利润分配——应付股利或利润”科目，贷记“应付股利”科目
应付利息	是指企业按照合同约定应支付的利息	按照合同约定应支付利息时，借记“财务费用”“在建工程”等科目，贷记“应付利息”科目
其他应付款	是指企业除应付账款、应付票据、应付股利和应付利息等以外的其他应付、暂收款项	企业发生各种应付、暂收款项时，借记“银行存款”“管理费用”等科目，贷记“其他应付款”科目

第二部分 职业判断能力训练

任务一 短期借款及金融负债的核算

一、判断题

1. 短期借款是指企业向银行或其他金融机构借入的期限在1年以下（不含1年）的各种借款。（ ）
2. 确实无法支付的应付账款，经批准列入“营业外收入”项目。（ ）
3. “短期借款”科目的期末余额表示企业尚未归还的借款本金和利息。（ ）
4. 企业确认的金融负债应当按照公允价值进行初始计量。（ ）
5. 应付账款附有现金折扣条款的，企业应按照扣除现金折扣前的应付款总额入账。（ ）

二、单项选择题

1. 短期借款的主要目的在于解决（ ）。

A.流动资金不足　　B.长期资金不足
C.所有资金不足　　D.实收资本不足
2.预提短期借款利息应借记“财务费用”科目，贷记（　　）科目。
A.“在建工程”　　B.“短期借款”
C.“应计利息”　　D.“应付利息”
3.如果企业到期不能偿付商业承兑汇票，应将“应付票据”转作（　　）。
A.长期应付款　　B.其他应付款
C.短期借款　　D.应付账款
4.企业签发银行承兑汇票支付的承兑手续费，应记入（　　）科目。
A.“财务费用”　　B.“在建工程”
C.“销售费用”　　D.“长期待摊费用”
5.企业如果发生无法支付的应付账款时，应计入（　　）。
A.营业外收入　　B.管理费用
C.营业外支出　　D.资本公积

三、多项选择题

1.企业在前2个月已经预提短期借款利息8 500元，季末支付本季度利息12 000元时，涉及的会计科目有（　　）。
A.“短期借款”　　B.“应付利息”
C.“财务费用”　　D.“银行存款”
2.下列各项属于金融负债的有（　　）。
A.应付票据　　B.应付账款
C.应付股利　　D.预付账款
3.下列关于交易性金融负债表述正确的有（　　）。
A.企业确认的金融负债应当按照公允价值进行初始计量
B.取得交易性金融负债发生的相关交易费用应当直接计入当期损益
C.期末应当按照公允价值进行后续计量
D.期末因公允价值变动形成的利得或损失计入当期损益

任务二　应付职工薪酬的核算

一、判断题

1.职工薪酬是指企业为获得职工提供的服务或解除劳动关系而给予的各种形式的报酬或补偿。（　　）

2.短期薪酬是指企业在职工提供相关服务的年度报告期间结束后12个月内需要全部予以支付的职工薪酬。（　　）

3.辞退福利是指企业为获得职工提供的服务而在职工退休或与企业解除劳动关系后，提供的各种形式的报酬和福利。（　　）

4.企业从应付职工薪酬中代扣应由个人负担的社会保险费和住房公积金时，应通过“其他应付款”科目核算。（　　）

5. 对于职工福利费，企业应按月计提计入当期损益或相关资产成本。（ ）

6. 企业承担的医疗保险费和工伤保险费属于短期薪酬。（ ）

7. 企业以自产产品作为非货币性福利发放给职工的，应按产品的不含税公允价值计入相关资产成本或当期损益。（ ）

8. 难以确定受益对象的非货币性福利，直接计入当期损益和应付职工薪酬。（ ）

二、单项选择题

1. 下列各项中，不属于职工薪酬的是（ ）。

A. 职工福利费　　B. 出差伙食补助

C. 工会经费　　D. 职工教育经费

2. 因解除与职工的劳动关系给予的补偿，借记（ ）科目，贷记“应付职工薪酬”科目。

A. “生产成本”　　B. “在建工程”

C. “管理费用”　　D. “制造费用”

3. 下列各项中，不属于短期薪酬的是（ ）。

A. 职工福利费　　B. 职工养老保险

C. 职工医疗保险　　D. 非货币性福利

4. 企业从应付职工薪酬中代扣的个人所得税，应通过（ ）科目核算。

A. “其他应付款”　　B. “应交税费——应交所得税”

C. “其他应收款”　　D. “应交税费——应交个人所得税”

5. 职工教育经费一般由企业按照每月工资总额的（ ）计提，贷记“应付职工薪酬”科目。

A. 2.5%　　B. 5%　　C. 8%　　D. 14%

6. 企业将自己生产的产品发放给职工，该产品生产成本70万元，公允价值110万元，增值税税率为13%，则计入应付职工薪酬的金额为（ ）万元。

A. 70　　B. 91　　C. 110　　D. 124.3

三、多项选择题

1. 下列各项中，属于短期薪酬的有（ ）。

A. 工伤保险　　B. 职工工资、奖金、津贴和补贴

C. 职工医疗保险　　D. 非货币性福利

2. 下列各项属于离职后福利的有（ ）。

A. 养老保险　　B. 失业保险

C. 医疗保险　　D. 工伤保险

3. 企业确认应付职工薪酬时，可能记入的会计科目有（ ）。

A. “制造费用”　　B. “管理费用”

C. “研发支出”　　D. “在建工程”

4. 下列各项中，属于国家规定计提标准的职工薪酬的有（ ）。

A. 工伤保险　　B. 养老保险

C. 工会经费　　D. 职工教育经费

5. 下列各项属于“应付职工薪酬”科目的明细科目的有（　　）。

A.“职工福利费”　　B.“非货币性福利”

C.“社会保险费”　　D.“住房公积金”

6. 企业将拥有的汽车无偿提供给高管使用，在确认应付职工薪酬时可能涉及的会计科目有（　　）。

A.“应付职工薪酬”　　B.“管理费用”

C.“累计折旧”　　D.“固定资产”

任务三　应交税费的核算

一、判断题

1. 按照纳税人的经营规模大小及会计核算的健全程度，增值税的纳税人分为一般纳税人和小规模纳税人。（　　）

2. 小规模纳税人销售货物或提供应税劳务，应纳税额等于当期销项税额抵扣当期进项税额后的余额。（　　）

3. 消费税的征收采用从价定率、从量定额两种方法。（　　）

4. 企业交纳的各项税费都应通过“应交税费”科目核算。（　　）

5. 简易计税方法是按照销售额与征收率的乘积计算应纳税额，不得抵扣进项税额。（　　）

6. 企业从本地购进农产品应按农产品收购发票买价和9%的扣除率计算进项税额。（　　）

7. 视同销售行为是指企业在会计核算中未作销售处理而税法要求按销售行为缴纳增值税的行为。（　　）

8. 用于集体福利的购进货物，其进项税额不得从销项税额中抵扣。（　　）

9. 企业已单独确认进项税额的购进货物发生非正常损失，原已计入进项税额的应予以转出。（　　）

10. 企业缴纳以前期间未交的增值税，应通过“应交税费——应交增值税（已交税金）”科目核算。（　　）

二、单项选择题

1. 下列税金中，与企业计算损益无关的是（　　）。

A. 消费税　　B. 增值税　　C. 所得税　　D. 城市建设维护税

2. 下列税金中，不通过“应交税费”科目核算的是（　　）。

A. 印花税　　B. 增值税　　C. 消费税　　D. 土地增值税

3. 企业出差人员取得注明旅客身份信息的铁路车票2 150元，可以计算的进项税额为（　　）元。

A. 0　　B. 62.62　　C. 121.70　　D. 177.52

4. 企业当月交纳当月的增值税，应通过（　　）科目核算。

A.“应交税费——应交增值税（已交税金）”

B.“应交税费——未交增值税”

C.“应交税费——应交增值税（转出未交增值税）”

D.“应交税费——应交增值税”

5.委托加工物资收回后直接用于出售的，应将受托方代收代交的消费税计入（　　）。

A.应交税费——应交消费税　　B.委托加工物资成本

C.应交税费——应交增值税　　D.原材料成本

6.某小规模纳税人本期销售商品收到价税款20 988元，则本月应交增值税为（　　）元。

A.2 728.44　　B.2 414.55　　C.118　　D.611.30

7.企业计算应交纳的矿产资源补偿费时，借记（　　）科目，贷记“应交税费”科目。

A.“管理费用”　　B.“税金及附加”

C.“材料采购”　　D.“原材料”

三、多项选择题

1.企业购入货物或接受劳务，能够计算进项税额进行抵扣的有（　　）。

A.取得增值税专用发票上注明的增值税

B.取得海关完税凭证注明的增值税

C.购进免税农产品准予抵扣的增值税

D.取得注明旅客身份信息的铁路车票

2.计算增值税的方法有（　　）。

A.一般计税方法　　B.简易计税方法

C.从价定率　　D.从量定额

3.城市维护建设税是指根据纳税人实际交纳的（　　）为计税依据。

A.增值税　　B.消费税

C.土地增值税　　D.企业所得税

4.企业购进农产品按照农产品的买价乘以扣除率计算进项税额，这里的“扣除率”有（　　）。

A.6%　　B.9%　　C.10%　　D.13%

5.下列各项中，属于税法上的“视同销售行为”的有（　　）。

A.企业将货物委托他人代销　　B.企业将自产的货物作为投资

C.企业在建工程领用自产的货物　　D.企业将自产的货物发放给职工

6.下列各项中，属于税法上的“非正常损失”的有（　　）。

A.管理不善造成货物被盗　　B.管理不善造成货物霉烂变质

C.自然灾害导致货物受损　　D.违反法律法规造成货物被依法没收

任务四　其他流动负债的核算

一、判断题

1.合同负债是指企业已收或应收客户对价而应向客户转让商品或提供服务的义务。

（　　）

2. 预收货款不多的企业，可以不单独设置“预收账款”科目，其所发生的预收货款可通过“应付账款”科目核算。（　　）

3. 董事会或类似机构提议分派的现金股利或利润，不作为应付股利核算。（　　）

4. 企业分配的股票股利也通过“应付股利”科目核算。（　　）

二、单项选择题

1. 下列各项中，不属于金融负债的是（　　）。

A. 交易性金融负债　　B. 应付票据

C. 应付账款　　D. 预收账款

2. 企业按照合同的规定向购货单位预收的定金，应列入（　　）。

A. 合同负债　　B. 应付票据　　C. 应付账款　　D. 预收账款

3. 企业收取客户存入的包装物押金时，应列入（　　）。

A. 应付账款　　B. 应付票据　　C. 其他应付款　　D. 其他应收款

三、多项选择题

1. 下列各项中，应通过“应付利息”科目核算的有（　　）。

A. 短期借款利息

B. 分期付息到期还本的长期借款利息

C. 到期一次还本付息的应付债券利息

D. 分期付息到期还本的应付债券利息

2. 下列各项中，应通过“其他应付款”科目核算的有（　　）。

A. 客户存入的保证金　　B. 应付股东的股利

C. 应付租入包装物的租金　　D. 预收购货单位的货款

第三部分　职业实践能力训练

实训一

目的：实训短期借款的核算

资料：某企业发生下列有关短期借款的经济业务：

（1）7月1日从工商银行借入为期6个月的借款40万元，存入银行基本存款户，年利率6%。合同规定，每月计提利息，按季支付利息。

（2）7月31日，计提本月应付利息。

（3）9月30日，确认利息费用，并支付季度利息。

（4）12月31日，短期借款到期，归还本金及利息。

要求：根据上述资料计算每月应付利息，并编制相关会计分录。

实训二

目的：实训应付职工薪酬的核算

资料：甲公司8月发生下列有关应付职工薪酬的经济业务：

（1）本月应付工资总额为600 000元，其中：生产工人工资为400 000元，管理人员工资为100 000元，产品销售人员工资为100 000元。

（2）按本月的应付工资总额的10%、6%和2%分别计提住房公积金、职工医疗保险费和工伤保险费。

（3）按本月的应付工资总额的6%和1%分别计提职工养老保险费和失业保险费。

（4）以银行存款支付后勤人员张华的困难补助费8 000元。

（5）代扣本月个人所得税1 200元、代扣由职工个人负担的住房公积金（10%）、职工医疗保险费（3%）和养老保险费（2%）。

（6）本月应付职工薪酬扣除各种代扣款项后以银行存款发放完毕。

（7）公司为高层管理人员提供汽车免费使用。本月应计提的小轿车折旧60 000元。

（8）公司为高级人才提供免费租赁住房一套，本月应支付租赁费8 000元。

要求：根据上述经济业务编制会计分录。

实训三

目的：实训应付职工薪酬的核算

资料：甲公司为增值税一般纳税人。8月发生与职工薪酬有关的交易或事项如下：

（1）对行政管理部门使用的设备进行日常维修，应付企业内部维修人员工资1.2万元。

（2）对以经营租赁方式租入的生产线进行改良，应付企业内部改良工程人员工资3万元。

（3）为公司总部下属15位部门经理每人配备汽车一辆免费使用，假定每辆汽车每月计提折旧0.1万元。

（4）将50台自产的V型厨房清洁器作为福利分配给本公司销售人员。该厨房清洁器每台生产成本为0.3万元，市场售价为0.5万元（不含增值税），增值税税率为13%。

（5）月末，分配职工工资150万元，其中直接生产产品人员工资105万元，车间管理人员工资15万元，企业行政管理人员工资20万元，专设销售机构人员工资10万元。

（6）以银行存款缴纳由单位负担的职工医疗保险费5万元。

（7）按规定计算代扣代交职工个人所得税0.8万元。

（8）以现金支付职工李某生活困难补助1.2万元。

（9）从应付张太远的工资中，扣回上月多付的薪酬0.3万元。

（10）按工资总额计提工会经费和职工教育经费。

（11）将工会经费拨给工会专户。

（12）本月职工参加会计专业技术资格考试获得中级证书，予以奖励0.5万元，以现金支付。

要求：编制甲公司8月上述交易或事项的会计分录。

（“应交税费”科目要求写出明细科目和专栏名称，答案中的金额单位用万元表示）

实训四

目的：实训应交税费的核算

资料：某企业属于增值税一般纳税人，本月发生下列有关经济业务：

（1）以银行存款交纳上月未交的增值税64 500元。

（2）销售应交增值税产品5 000 000元，按规定收取增值税650 000元，货款已收到，存入银行。

（3）用银行存款预付该月份增值税400 000元。

（4）在建厂房发生非正常损失工程材料一批，其成本为400 000元，进项税额为52 000元。

（5）以银行存款购入生产设备一台，价款1 400 000元，增值税182 000元，设备不需要安装，已投入使用。

（6）出售一项商标权，转让收入53 000元已存入银行，该项商标权的账面成本80 000元，累计摊销60 000元，适用的增值税税率为6%。

（7）以银行存款购入家具一批，列入周转材料。该批家具价款6 000元，增值税780元，家具已投入使用。

（8）从某单位购入材料一批，增值税专用发票上注明货款20 000元，增值税2 600元，货款签发转账支票支付，材料已验收入库。

（9）购入一批免税农产品用于生产13%的商品，发票上注明货款300 000元，货款以转账支票支付，材料已验收入库。

（10）以银行存款支付购入材料的运输费，增值税专用发票注明运费2 000元。

（11）计算本月应交增值税及“应交税费——应交增值税”科目的期末余额。

（12）将本月应交增值税转入“应交税费——未交增值税”科目。

要求：根据上述经济业务编制会计分录。

实训五

目的：实训应交税费的核算

资料：神龙集团为增值税一般纳税人，本年4月份发生如下经济业务：

（1）购入一批原材料，增值税专用发票上注明的材料价款为200万元，增值税为26万元。货款已付，材料已验收入库。

（2）出售一批应税消费品，增值税专用发票上注明的材料价款为80万元，增值税为10.4万元，消费税为8万元。价税款尚未收到，商品已经发出。

（3）出售一项专利权，转让收入6.36万元（含税）存入银行，该项专利权的账面成本为5万元，累计摊销2万元。

（4）销售产品一批，销售收入为300万元（不含税），价税款尚未收到。

（5）出售厂房一栋，原价1 000万元，已提折旧700万元，出售所得价税款654万元，清理费用支出3万元，厂房已清算完毕，款项均已由银行收付。适用的增值税税率为9%。

（6）本月出售金融商品发生贷方价差42.4万元，计算应交增值税。

（7）转让一块土地使用权，原价3 000万元，已摊销1 200万元，出售所得收入2 800万元存入银行，计算应交土地增值税220万元。

（8）本期应交房产税7万元、车船税1万元、城镇土地使用税2万元。

（9）计算本月应交增值税，并结转到“应交税费——未交增值税”科目。

（10）计算本月应交城市维护建设税（7%）和教育费附加（3%）。

要求：根据上述资料，编制有关经济业务的会计分录（金额单位用万元表示）。

实训六

目的：实训其他流动负债的核算

资料：某企业本年发生下列有关经济业务：

（1）销售消费储值卡5 000 000元存入银行。

（2）采用预收账款方式销售产品给乙公司，双方约定下月6日交付商品。现收到购货方预付的货款80 000元，存入银行。

（3）经股东大会批准，决定分派上年的现金股利1 200 000元，尚未发放。

（4）计提短期借款利息56 000元。

（5）收到出租包装物的押金9 000元存入银行。

（6）期末，客户使用储值卡消费金额600 000元，确认收入（增值税税率为13%）。

（7）按合同的规定，企业交付商品给乙公司，开出增值税专用发票，内列商品价值120 000元，增值税15 600元，差额尚未收到。

（8）以银行存款支付现金股利1 200 000元。

（9）收到乙公司补付的差价款55 600元存入银行。

（10）企业扣除包装物租金4 520元（含增值税）后，差额退还包装物押金。

要求：根据上述资料，逐题编制会计分录。

项目十

非流动负债的核算

第一部分 知识点、技能点回顾

一、长期借款的核算

（一）长期借款的概念

长期借款是指企业向银行等金融机构借入的期限在1年以上（不含1年）的各项借款。

企业应设置“长期借款”科目反映和监督长期借款的借入和归还等情况。该科目按照贷款单位和贷款种类，分别用“本金”“利息调整”等进行明细核算。

（二）长期借款利息的处理

长期借款计算确定的利息费用，应当按以下原则计入有关成本费用：

（1）属于筹建期间的，记入“管理费用”科目；

（2）属于生产经营期间的，记入“财务费用”科目；

（3）如果长期借款用于购建存货、固定资产等资产的，在资产尚未达到销售状态或预定可使用状态前所发生的应当资本化的利息支出，计入资产成本；资产达到销售状态或预定可使用状态后发生的利息支出，以及按规定不予资本化的利息支出，计入财务费用。

二、应付债券的核算

（一）应付债券的概念及计量

应付债券是指企业为了筹集长期资金依法定程序对外发行的、约定在一定期限还本付息的有价证券。应付债券初始确认时应当按照公允价值计量，相关交易费用计入初始确认金额。

（二）应付债券发行价格的确定

影响应付债券的发行价格的因素主要有：债券面值、票面利率、市场利率和债券期限等。债券发行价格一般等于债券面值和各期利息按实际利率计算的现值之和。债券发行价格有：平价发行、溢价发行和折价发行。溢价或折价实质上是发行债券企业在债券存续期间内对利息费用的一种调整。

（三）应付债券的会计处理

企业应该设置“应付债券”科目核算债券的发行、计息及偿还情况，并在该科目下设置“面值”“利息调整”“应计利息”等明细科目。其具体会计处理见表10–1。

三、其他非流动负债的核算

（一）租赁负债的核算

租赁负债应当按照租赁期开始日尚未支付的租赁付款额的现值进行初始计量。

租赁付款额是指承租人向出租人支付的与在租赁期内使用租赁资产的权利相关的款项，包括：（1）固定付款额及实质固定付款额，存在租赁激励的，扣除租赁激励相关金额；（2）取决于指数或比率的可变租赁付款额；（3）购买选择权的行权价格；（4）行使终止租赁选择权需支付的款项；（5）根据承租人提供的担保余值预计应支付的款项。

表10-1 应付债券的核算

业务类型	面值发行	溢价发行	折价发行
发行债券时	借：银行存款 　贷：应付债券——面值	借：银行存款 　贷：应付债券——面值 　　　　　　——利息调整	借：银行存款 　应付债券——利息调整 　贷：应付债券——面值
按期计息及摊销时	借：财务费用/在建工程等 　贷：应付债券——应计利息 　　应付利息	借：财务费用/在建工程等 　应付债券——利息调整 　贷：应付债券——应计利息 　　应付利息	借：财务费用/在建工程等 　贷：应付债券——应计利息 　　　　　　——利息调整 　　应付利息
支付利息时	借：应付利息 　贷：银行存款	借：应付利息 　贷：银行存款	借：应付利息 　贷：银行存款
到期偿还时	借：应付债券——面值 　　　　　——应计利息 　贷：银行存款	借：应付债券——面值 　　　　　——应计利息 　贷：银行存款	借：应付债券——面值 　　　　　——应计利息 　贷：银行存款

企业确认使用权资产时，应在租赁期开始日按照确认的成本，借记“使用权资产”（或“在建工程”）账户；按租赁期开始日尚未支付的租赁付款额的现值，贷记“租赁负债”账户；按租赁期开始日或之前支付的租赁付款额和初始直接费用，贷记“银行存款”等账户。

承租人应当按照固定的周期性利率计算租赁负债在租赁期内各期的利息费用，并计入当期损益。借记“财务费用”科目，贷记“租赁负债”科目。

（二）长期应付款的核算

长期应付款是指企业除长期借款、应付债券、租赁负债以外的其他各种长期应付款项，包括以分期付款方式购买固定资产和无形资产发生的应付款项等。

企业购入资产超过正常信用条件延期付款实质上具有融资性质时，应按购买价款的现值，借记“固定资产”“在建工程”“无形资产”等账户，按应支付的价款总额，贷记“长期应付款”账户，按其差额，借记“未确认融资费用”账户。按期支付价款时，借记“长期应付款”账户，贷记“银行存款”账户。同时，企业应当采用实际利率法计算确定当期的利息费用，借记“财务费用”“在建工程”“研发支出”等账户，贷记“未确认融资费用”账户。

（三）专项应付款的核算

专项应付款是企业接受国家拨入的具有专门用途的款项所形成的不需要以资产或增加其他负债偿还的负债，例如专项研究费用、专项技术改造工程款等。

收到专项拨款时借记“银行存款”科目，贷记“专项应付款”科目；使用专项应付款时，借记“在建工程”等科目，贷记“银行存款”“应付职工薪酬”等科目。工程项目完工，对形成长期资产的部分，借记“专项应付款”科目，贷记“资本公积——资本溢价”科目。对未形成长期资产的部分，借记“专项应付款”科目，贷记

“在建工程”等科目。拨款结余需要返还的，借记“专项应付款”科目，贷记“银行存款”科目。

四、借款费用的核算

（一）借款费用的概念及内容

借款费用是指企业因借款而发生的利息及其他相关成本。其主要包括借款利息、折价或者溢价的摊销、辅助费用（手续费、佣金、印刷费等）以及因外币借款而发生的汇兑差额等。

（二）借款费用的确认

（1）借款费用确认的基本原则是：企业发生的借款费用可直接归属于符合资本化条件的资产购建或者生产的，应当予以资本化，计入相关资产成本；其他借款费用应当在发生时根据其发生额确认为费用，计入当期损益。

（2）可以资本化的借款范围：既包括专门借款，也包括一般借款。

（3）可以资本化的资产范围：是指需要经过相当长时间的购建或者生产活动才能达到预定可使用或者可销售状态的固定资产、投资性房地产和存货等资产。

（4）借款费用予以资本化的期间：是指借款费用从开始资本化到停止资本化的这段时间，但不包括暂停资本化的期间。

（三）专门借款利息费用资本化的核算

为购建或者生产符合资本化条件的资产而借入专门借款的，应当以专门借款当期实际发生的利息费用，减去尚未动用的借款资金存入银行取得的利息收入或者进行暂时性投资取得的投资收益后的金额确定。但是，每一会计期间的利息资本化金额不应当超过当期相关借款实际发生的利息金额。

（四）一般借款利息费用资本化的核算

如果符合资本化条件的资产的购建或者生产只有一般借款，则应以累计资产支出加权平均数为基础计算所占用的一般借款利息资本化金额。

（五）组合借款利息费用资本化的核算

先用专门借款，并确定专门借款利息资本化的金额；然后使用一般借款，按照超过专门借款的部分的资产支出加权平均数乘以所占用一般借款的资本化率，计算确定一般借款应予资本化的利息金额。

（六）借款辅助费用资本化的核算

因借款发生的辅助费用，在所购建或者生产的符合资本化条件的资产达到预定可使用或者可销售状态之前发生的，应当在发生时根据实际发生额予以资本化，计入资产成本；在此之后发生的，应当在发生时根据实际发生额确认为费用，计入当期损益。

（七）因外币专门借款而发生的汇兑差额资本化金额的计算

在资本化期间内，外币专门借款本金及利息所发生的汇兑差额，应当予以资本化，计入符合资本化条件的资产的成本。除外币专门借款之外的其他外币借款本金及其利息所产生的汇兑差额，应当作为当期财务费用计入当期损益。

第二部分　职业判断能力训练

任务一　长期借款的核算

一、判断题

1. 长期借款是指企业向银行等金融机构借入的期限在1年以上（含1年）的各项借款。（　）

2. “长期借款”的期末贷方余额，反映企业尚未偿还的长期借款和利息。（　）

3. 长期借款利息费用应当在资产负债表日按照实际利率法计算确定。（　）

二、单项选择题

1. 长期借款可分为抵押借款、担保借款和信用借款的标志是（　）。

A. 按偿还方式划分　　B. 按付息方式划分

C. 按借款条件划分　　D. 按借款用途划分

2. 企业在筹建期间发生的长期借款利息费用应记入的科目是（　）。

A. “在建工程”　　B. “长期待摊费用”

C. “财务费用”　　D. “管理费用”

三、多项选择题

1. 长期借款按付息方式可分为（　）。

A. 定期偿还的借款　　B. 分期偿还的借款

C. 到期一次还本付息的借款　　D. 分期付息、到期还本的借款

2. 企业计提的长期借款利息费用，可能记入的会计科目有（　）。

A. “在建工程”　　B. “研发支出”

C. “财务费用”　　D. “管理费用”

3. 下列对长期借款利息费用的会计处理，正确的有（　）。

A. 筹建期间的借款利息计入管理费用

B. 长期借款利息一般到期才能归还

C. 日常生产经营活动的借款利息计入财务费用

D. 符合资本化条件的借款利息计入相关资产成本

任务二　应付债券的核算

一、判断题

1. “应付债券——利息调整”应在债券存续期间内采用直线法进行摊销。（　）

2. 应付债券初始确认时应当按照公允价值计量，相关交易费用计入初始确认金额。（　）

3. 债券的发行价格一般等于债券面值的现值和各期利息现值之和。（　）

4. 溢价或折价实际上是发行债券的企业发生的收益或损失。（　　）

5. 当期应确认的应计（付）利息等于应付债券票面金额和票面利率的乘积。（　　）

二、单项选择题

1. 债券发行时，当票面利率高于市场利率时，称之为（　　）。

A. 加价发行　B. 溢价发行　C. 平价发行　D. 折价发行

2. 下列各项中，可以计入应付债券初始确认金额的是（　　）。

A. 债券溢价、折价　B. 融资费用

C. 持有成本　D. 内部管理成本

3. 债券的溢、折价需要在债券存续期间内采用（　　）进行摊销。

A. 直线法　B. 工作量法　C. 实际利率法　D. 分次摊销法

三、多项选择题

1. 下列各项中，可以计入应付债券初始确认金额的有（　　）。

A. 支付给证券交易所的手续费、佣金

B. 支付给政府有关部门的相关税费

C. 债券的发行价格

D. 内部管理成本

2. 影响应付债券的发行价格因素主要包括（　　）。

A. 债券面值　B. 票面利率　C. 市场利率　D. 债券期限

3. 下列各项中，属于“应付债券”所属明细科目的有（　　）。

A. “面值”　B. “成本”　C. “利息调整”　D. “应计利息”

任务三　其他非流动负债的核算

一、判断题

1. 租赁负债应当按照租赁期开始日尚未支付的租赁付款额的现值进行初始计量。（　　）

2. 租赁是指在一定的期间内，出租人将资产使用权让与承租人以获取对价的合同。（　　）

3. 在租赁期开始日，承租人应当对租赁确认使用权资产和租赁负债。（　　）

4. 如果延期支付的购买商品价款超过正常信用条件，实质上具有融资性质的，所购资产的成本应当以延期支付购买价款为基础确定。（　　）

5. 专项应付款是企业接受国家拨入的具有专门用途的款项所形成的不需要以资产或增加其他负债偿还的负债。（　　）

6. 承租人发生的履约成本通常应计入当期损益。（　　）

二、单项选择题

1. 承租人在租赁期内使用租赁资产的权利，在会计上应列为（　　）。

A. 固定资产　B. 在建工程

C. 使用权资产　D. 租赁资产

2. 承租人为取得使用权资产而发生的初始直接费用应当计入（　　）。

A.管理费用　　B.租入资产价值
C.财务费用　　D.租赁负债

3.按照我国企业会计准则的规定，“未实现融资费用”是（　　）。
A.租赁负债与租赁负债现值的差额　　B.租赁负债与使用权资产的差额
C.长期应付款的现值　　D.长期应付款与其现值的差额

4.对使用专项应付款形成长期资产的部分，借记“专项应付款”科目，贷记（　　）科目。
A.“固定资产”　　B.“递延收益”
C.“资本公积”　　D.“其他综合收益”

5.承租人应当按照固定的周期性利率计算租赁负债在租赁期内各期的利息费用，借记（　　）科目，贷记“租赁负债”科目。
A.“管理费用”　　B.“长期应付款”
C.“财务费用”　　D.“使用权资产”

三、多项选择题

1.下列各项中，构成租赁付款额的有（　　）。
A.固定付款额　　B.可变租赁付款额
C.购买选择权的行权价格　　D.承租人提供的担保余值

2.下列各项中，影响使用权资产入账价值的有（　　）。
A.租赁付款额的现值　　B.为达成租赁而发生的增量成本
C.预计成本的现值　　D.履约成本

3.下列各项关于租赁业务的表述，正确的有（　　）。
A.租赁期内为租赁资产支付的保险费属于履约成本计入当期损益
B.承租方为初始租赁合同支付的印花税属于初始直接费用计入资产价值
C.租赁期是指承租人有权使用租赁资产且不可撤销的期间
D.可变租赁付款额应计入承租人的当期损益

4.下列各项中，属于租赁期内承租人为租赁资产支付的各种使用费用的有（　　）。
A.技术咨询和服务费　　B.租赁资产维修费
C.租赁资产保险费　　D.租赁资产折旧费

5.企业初始确认购入大型设备超过正常信用条件延期付款，实质上具有融资性质时，涉及的会计科目有（　　）。
A.“固定资产”　　B.“长期应付款”
C.“未确认融资费用”　　D.“银行存款”

任务四　借款费用的核算

一、判断题

1.借款费用是指企业因借款而发生的利息及其他相关成本。（　　）
2.专门借款，是指为购建固定资产而专门借入的款项。（　　）
3.符合借款费用资本化条件的存货通常需要经过相当长时间（3个月或以上）的建

造或者生产过程，才能达到预定可销售状态。（　　）

4.对于那些购入即可使用的资产，或者虽然需要安装、建造或生产但时间较短的资产，不属于符合资本化条件的资产。（　　）

5.在借款费用资本化期间内，为购建或者生产符合资本化条件的资产占用了一般借款的，一般借款的利息均予以资本化。（　　）

6.为购建或者生产符合资本化条件的资产而借入专门借款的，应当将专门借款当期实际发生的利息费用确定为资本化金额。（　　）

7.每一会计期间的利息资本化金额都不应当超过当期相关借款实际发生的利息金额。（　　）

8.如果符合资本化条件的资产的购建或者生产只有一般借款，则应以累计资产支出加权平均数为基础计算所占用的一般借款利息资本化金额。（　　）

9.继续发生在所购建或生产的符合资本化条件的资产上的支出金额很少或者几乎不再发生时，可以判断资产达到预定可使用状态或可销售状态，应当停止资本化。

（　　）

二、单项选择题

1.下列各项中，不属于借款费用的是（　　）。

A.外币借款发生的汇兑损失　　B.发行公司债券的印刷费

C.发行公司股票的佣金　　D.借款的手续费

2.在借款费用准则中，下列项目属于会计准则中规定的“正常中断”的是（　　）。

A.质量纠纷　　B.安全事故

C.劳动纠纷　　D.地震

3.下列各项中，不属于“资产支出已经发生”的情形是（　　）。

A.用银行存款购买工程物资　　B.转移非现金资产交换工程物资

C.承担带息债务换取工程物资　　D.应付工程人员薪酬

4.符合资本化条件的资产在购建过程中，如果购建活动发生非正常中断，且中断时间连续超过（　　）个月，则暂停借款费用的资本化。

A.3　　B.5　　C.6　　D.12

5.甲企业有两笔一般借款：①1月1日向中国工商银行借款800万元，年利率6%；②7月1日向交通银行借款1 200万元，年利率6.8%。则一般借款的资本化率为（　　）。

A.6%　　B.6.8%　　C.6.4%　　D.6.34%

6.甲企业本年购建资产支出如下：1月1日支出400万元，4月1日支出500万元，8月1日支出600万元，12月1日支出240万元。则全年资产支出加权平均数为（　　）万元。

A.870　　B.1 265　　C.1 045　　D.1 470

7.除外币专门借款之外的其他外币借款本金及其利息所产生的汇兑差额，应当作为（　　）。

A.财务费用　　B.管理费用　　C.投资收益　　D.汇兑损益

三、多项选择题

1.下列各项中，属于借款费用的有（　　）。

A.借款利息　　B.折价或者溢价的摊销

C.借款辅助费用　　D.因外币借款而发生的汇兑差额

2.下列各项中，属于“符合资产化条件的资产”的有（　　）。

A.固定资产　B.无形资产　C.投资性房地产　D.存货

3.借款费用开始资本化，必须同时具备的条件有（　　）。

A.资产支出已经发生　　B.借款费用已经发生

C.资产的购建活动已经开始　　D.设计图纸已经批准

4.购建或者生产符合资本化条件的资产发生的借款费用应当停止资本化的前提有（　　）。

A.资产达到预定可使用状态　　B.资产达到预定可销售状态

C.资产已经完工　　D.项目通过消防验收

5.影响专门借款利息费用资本化金额的因素有（　　）。

A.专门借款本金　　B.专门借款利率

C.尚未动用的借款资金的利息收入　　D.尚未动用的借款资金的投资收益

6.影响一般借款利息费用资本化金额的因素有（　　）。

A.一般借款本金　　B.一般借款利率

C.使用一般借款的时间　　D.尚未动用的借款资金的利息收入

第三部分　职业实践能力训练

实训一

目的：实训长期借款的核算

资料：某企业在生产经营期内新建厂房一座，为建设厂房借入一笔长期借款，该厂房建设期1年，1年后达到预定可使用状态，交付车间使用。有关资料如下：

（1）2021年1月1日借入3年期借款1 200万元，存入银行。年利率8%，每年年初支付利息，到期一次还本。

（2）2021年年末，计提当年长期借款利息。

（3）2022年1月1日支付利息。

（4）2022年年末，计提当年长期借款利息。

（5）2023年1月1日支付利息。

（6）2024年1月1日偿还借款本金和支付最后一期利息。

要求：根据上述经济业务，编制有关会计分录。

实训二

目的：实训应付债券（分期付息、到期还本的债券）的核算

资料：某公司2022年1月1日发行公司债券，面值为4 000万元，年利率为6%。期限为3年，每年年初付息一次、到期还本。发行时市场利率为6%，采用面值发行。该公司发行公司债券所筹集的资金全部用于生产经营。

要求：根据上述经济业务，编制下列会计分录（答案金额单位为“万元”）：

（1）编制发行公司债券的会计分录。

（2）编制2022年年末计提利息的会计分录。

（3）编制2023年1月1日支付利息的会计分录。

（4）编制2025年1月1日到期还本及最后一期利息的会计分录。

实训三

目的：实训应付债券（分期付息、到期还本的债券）的核算

资料：某公司2022年1月1日发行公司债券，面值为6 000万元，年利率为6%。期限为3年，每年年末计息、年初付息。假定发行时市场利率为8%，该债券筹集的资金用于厂房建设，建设期1年。

要求：根据上述经济业务，完成下列任务（答案金额单位为“万元”）：

（1）计算该债券的发行价格。已知：（P/F，8%，3）=0.7938，（P/A，8%，3）=2.5771。

（2）编制债券折价摊销及利息费用计算表（见表10-2）。

表10-2　债券折价摊销及利息费用计算表　单位：万元

付息日期	应付利息	利息费用	摊销的利息调整	应付债券摊余成本
2022年1月1日	—	—	—	
2022年12月31日				
2023年12月31日				
2024年12月31日				
合　计				—

（3）编制发行公司债券的会计分录。

（4）编制2022年12月31日计提利息的会计分录。

（5）编制2023年1月1日支付利息的会计分录。

（6）编制2023年12月31日计提利息的会计分录。

（7）编制2024年1月1日支付利息的会计分录。

（8）编制到期还本及支付最后一期利息的会计分录。

实训四

目的：实训应付债券（分期计息、到期还本付息的债券）的核算

资料：某公司2022年1月1日发行公司债券，面值为4 000万元，年利率为6%。期限为3年，每年计息一次、到期一次还本付息。假定发行时市场利率为5%，发行的债券所筹集的资金用于生产经营活动。

要求：根据上述经济业务，完成下列任务（答案金额单位为“万元”）：

（1）计算该债券的发行价格。已知：(P/F，5%，3) =0.8638，(P/A，5%，3) =2.7232。

（2）编制债券溢价摊销及利息费用计算表（见表10-3）。

表10-3 债券溢价摊销及利息费用计算表 单位：万元

日期	计提利息	利息费用	摊销的利息调整	应付债券摊余成本
2022年1月1日	—	—	—	
2022年12月31日				
2023年12月31日				
2024年12月31日				
合 计				—

（3）编制发行公司债券的会计分录。

（4）编制2022年12月31日计提利息的会计分录。

（5）编制到期一次还本付息的会计分录。

实训五

目的：实训使用权资产的核算

资料：2022年12月28日，甲公司与乙公司签订了一份租赁合同，租赁一套设备，租赁期开始日为2023年1月1日，租赁期从2023年1月1日至2025年12月31日。自租赁期开始日起每年年末支付租金880 000元，租赁到期时承租人行使购买选择权，其行权价格为40 000元。租赁时双方约定的合同利率为6%。甲公司在租赁谈判和签订租赁合同过程中发生可归属于租赁项目的手续费25 000元、差旅费6 176元。该资产可使用5年，预计净残值17 000元，采用年限平均法计提折旧。

要求：

（1）确定租赁付款额及其现值。(已知：(P/A，6%，3) =2.673，(P/F，6%，3) =0.8396)

（2）确定使用权资产的入账价值。

（3）编制租赁负债及使用权资产初始确认的会计分录。

（4）计算填写采用周期性利率分摊财务费用表（见表10-4）。

表10-4　　采用周期性利率分摊财务费用表　　单位：元

日　期	支付租赁付款额	确认的财务费用	租赁负债减少额	应付本金余额
	(a)	(b)=期初(d)×6%	(c)=(a)-(b)	(d)=期初(d)-(c)
（1）2023年1月1日				
（2）2023年12月31日				
（3）2024年12月31日				
（4）2025年12月31日				
合　计				

（5）编制2023年第1个月使用权资产折旧及分摊费用的会计分录。

（6）编制2023年12月31日支付第1期租金的会计分录。

实训六

目的：实训长期应付款的核算

资料：某公司2022年1月1日以分期付款方式购入一台设备，总价款为900万元，设备价款分3年于每年年末平均支付300万元。设备运到后交付安装，以银行存款支付安装费50 715元，2022年3月底交付使用。公司在支付租金的同时支付增值税，假设银行同期贷款利率为6%。该资产可使用5年，预计净残值90 000元，采用年限平均法计提折旧。

要求：

（1）2022年1月1日确认在建工程入账价值及未确认融资费用，并编制初始确认的会计分录。（已知：（P/A，6%，3）= 2.673）

（2）编制支付设备安装费的会计分录。

（3）计算填写未确认融资费用分摊表（见表10-5）。

表10-5　　未确认融资费用分摊表　　单位：元

日　期	分期付款额	确认的融资费用	应付本金减少额	应付本金余额
	(a)	(b)=期初(d)×6%	(c)=(a)-(b)	(d)=期初(d)-(c)
（1）2022年1月1日				
（2）2022年12月31日				
（3）2023年12月31日				
（4）2024年12月31日				
合　计				

（4）编制确认2022年1—3月未确认融资费用的会计分录（假定不分月，平均分配）。

（5）编制设备交付使用的会计分录。

（6）编制确认2022年4—12月未确认融资费用的会计分录（假定不分月）。

（7）计算2022年应计提的固定资产折旧额，并编制折旧会计分录（假定不分月）。

（8）编制确认2023年未确认融资费用、固定资产折旧的会计分录（假定不分月）。

实训七

目的：实训专门借款的借款费用的核算

资料：某公司2023年1月1日开始动工建造一幢厂房，施工期1.5年。

（1）公司向银行借入专门借款如下：

① 2023年1月1日借入2年期借款1 000万元，年利率8%，利息按年支付；

② 2023年7月1日借入3年期借款500万元，年利率9%，利息按年支付。

（2）资产支出如下：

① 2023年1月1日支出600万元；

② 2023年4月1日支出300万元；

③ 2023年9月1日支出400万元；

④ 2024年1月1日支出200万元。

（3）公司将未动用的借款资金用于短期投资，月投资收益率为0.3%。

要求：根据上述经济业务，进行下列会计处理：

（1）计算该公司2023年借款利息费用的资本化金额，并编制有关借款费用的会计分录。

（2）计算该公司2024年借款利息费用的资本化金额，并编制有关借款费用的会计分录。

实训八

目的：实训一般借款的借款费用的核算

资料：某公司2023年4月1日开始动工建造一幢厂房，施工期1.5年。

（1）公司向银行借入一般借款如下：

①2023年1月1日借入2年期一般借款800万元，年利率8%，利息按年支付；

②2023年7月1日借入3年期一般借款600万元，年利率10%，利息按年支付。

（2）资产支出如下：

①2023年1月1日支出400万元；

②2023年4月1日支出300万元；

③2023年9月1日支出600万元。

要求：根据上述经济业务，进行下列会计处理：

（1）计算该公司2023年一般借款利息的资本化率；

（2）计算该公司2023年资产支出累计加权平均数；

（3）计算该公司2023年借款利息费用的资本化金额；

（4）编制该公司2023年有关借款费用的会计分录。

实训九

目的：实训混合借款的借款费用的核算

资料：某公司2023年1月1日开始动工建造一幢厂房，施工期1年。

（1）公司向银行借入借款如下：

① 2023年1月1日借入3年期专门借款1 000万元，年利率8%，利息按年支付；

② 2023年6月1日借入2年期一般借款300万元，年利率7.2%，利息按年支付；

③ 2023年12月1日借入1年期一般借款600万元，年利率6%，利息按年支付。

（2）资产支出如下：

① 2023年1月1日支出800万元；

② 2023年6月1日支出500万元；

③ 2023年12月1日支出240万元。

④ 公司将未动用的借款资金用于短期投资，月投资收益率为0.2%。

要求：根据上述经济业务，进行下列会计处理：

（1）计算专门借款利息的资本化金额；

（2）计算一般借款利息的资本化率及资产支出累计加权平均数；

（3）计算一般借款利息费用的资本化金额；

（4）编制当年有关借款费用的会计分录。

项目十一

债务重组的核算

第一部分　知识点、技能点回顾

一、债务重组的基本知识

（一）债务重组的含义

债务重组，是指在不改变交易对手方的情况下，经债权人和债务人协定或法院裁定，就清偿债务的时间、金额或方式等重新达成协议的交易。

（二）债务重组的方式

债务重组一般包括下列方式，或下列一种以上方式的组合：（1）以资产清偿债务；（2）将债务转为权益工具；（3）采用调整债务本金、改变债务利息、变更还款期限等方式修改债权和债务的其他条款。

（三）债权人受让资产的确认和计量

债权人应当在相关资产符合其定义和确认条件时予以确认，放弃债权的公允价值与账面价值之间的差额，应当计入当期损益。

债权人受让金融资产时，应当按照取得金融资产的公允价值计量；对于以公允价值计量且其变动计入当期损益的金融资产，相关交易费用计入当期损益；对于其他类金融资产，相关交易费用计入初始确认金额。债权人初始确认受让的金融资产以外的资产时，应当按照放弃债权的公允价值和取得受让资产的相关税费进行初始计量。

（四）债务人清偿债务的确认和计量

以资产清偿债务方式进行债务重组的，所清偿债务账面价值与偿债资产账面价值之间的差额计入当期损益。

债务人初始确认权益工具时应当按照权益工具的公允价值计量，权益工具的公允价值不能可靠计量的，应当按照所清偿债务的公允价值计量。所清偿债务账面价值与权益工具确认金额之间的差额，应当计入当期损益。

采用修改其他条款方式进行债务重组的，应当按照相关会计准则的规定，确认和计量重组债务。

二、债务重组的核算

债务重组一般有以资产清偿债务、将债务转为权益工具、修改债权和债务条款，企业可以采用以上一种或几种方式的组合进行债务重组。其会计处理见表11-1。

表11-1　债务重组的会计处理

重组方式	债权人的会计处理	债务人的会计处理
以资产清偿债务	债权人受让金融资产时，应当按照取得金融资产的公允价值计量；对于其他类金融资产，相关交易费用计入初始确认金额。受让金融资产以外的资产时，应当按照放弃债权的公允价值和取得受让资产的相关税费进行初始计量	债务人以非现金资产清偿债务的，应当在相关资产和所清偿债务符合终止确认条件时予以终止确认，所清偿债务账面价值与偿债资产账面价值之间的差额计入当期损益

续表

重组方式	债权人的会计处理	债务人的会计处理
将债务转为权益工具	债权人对联营企业或合营企业投资的成本，包括放弃债权的公允价值和可直接归属于该资产的税费等。放弃债权的公允价值与账面价值之间的差额，应当计入当期损益	债务人初始确认权益工具时应当按照权益工具的公允价值计量，公允价值不能可靠计量的，应当按照所清偿债务的公允价值计量。所清偿债务账面价值与权益工具确认金额之间的差额，应当计入当期损益
修改其他债务条件的	债权人应当在债务重组日确认将收到的资产，同时确认处置利得或损失以及应向买方收取的应收款项	应当终止确认原负债，同时按照修改后的条款确认一项新负债。因负债终止确认的，企业应当将其账面价值与支付的对价之间的差额，计入当期损益
多项资产清偿债务或者组合方式	债权人应当首先按照规定确认和计量受让的金融资产和重组债权，然后按照受让的金融资产以外的各项资产的公允价值比例，对放弃债权的公允价值扣除受让金融资产和重组债权确认金额后的净额进行分配，并以此为基础按照受让资产的规定分别确定各项资产的成本。放弃债权的公允价值与账面价值之间的差额，应当计入当期损益	债务人初始确认权益工具时应当按照权益工具的公允价值计量，公允价值不能可靠计量的，应当按照所清偿债务的公允价值计量。采用修改其他条款方式进行债务重组的，债务人应当按照规定确认和计量重组债务。所清偿债务的账面价值与偿债资产的账面价值以及权益工具和重组债务的确认金额之和的差额，应当计入当期损益

第二部分　职业判断能力训练

任务一　债务重组的确认

一、判断题

1. 债务重组，是指在不改变交易对手方的情况下，经债权人和债务人协定或法院裁定，就清偿债务的时间、金额或方式等重新达成协议的交易。（　　）

2. 在债务重组中，债权人一般都会在财务上作出让步才能达成协议。（　　）

3. 将债务转为权益工具的债务重组方式，是指债务人将债务转为权益工具，同时债权人将债权转为股权的债务重组方式。（　　）

4. 债权人在债务重组中，放弃债权的公允价值与账面价值之间的差额，应当计入当期损益。（　　）

5. 债权人受让金融资产时，应当按照取得金融资产的账面价值计量。（　　）

二、单项选择题

1. 下列各项中，不属于债务重组的是（　　）。

A. 债务人发行的可转换债券转换为股权

B. 债务人以部分现金清偿债务

C. 债务人以非现金资产清偿债务

D. 债务人借新债还旧债

2. 债务人以非现金资产清偿债务时，影响债务人债务重组损益的项目是（　　）。

A. 债权人计提的坏账准备

B. 债务人计提的固定资产折旧

C. 发生的可抵扣增值税进项税额

D. 债权人为取得受让资产而支付的税费

3. 债务人以非现金资产清偿债务时，所清偿债务账面价值与偿债资产账面价值之间的差额计入（　　）。

A. 资本公积　　B. 信用减值损失　　C. 其他收益　　D. 资产减值损失

三、多项选择题

1. 债务人以非现金资产清偿债务时，影响债权人债务重组损益的项目有（　　）。

A. 债权人计提的坏账准备　　B. 放弃债权的公允价值

C. 放弃债权的账面余额　　D. 可抵扣的增值税进项税额

2. 修改债务条件进行债务重组的方式一般有（　　）。

A. 债务转为权益工具　　B. 减少债务本金

C. 减少债务利息　　D. 延长债务偿还期限

3. 下列各项中，属于债务重组方式的有（　　）。

A. 以金融资产清偿债务　　B. 以非现金资产清偿债务

C. 债务转为权益工具　　D. 修改债务条件

任务二　债务重组的核算

一、判断题

1. 对于债务人来说，债务人应当将重组债务的账面价值与实际支付现金之间的差额，计入当期损益。（　　）

2. 债权人放弃债权的公允价值与受让的金融资产公允价值之间的差额，应当计入资产处置损益。（　　）

3. 债务人初始确认权益工具时应当按照权益工具的公允价值计量，权益工具的公允价值不能可靠计量的，应当按照所清偿债务的公允价值计量。（　　）

二、单项选择题

1. 债权人受让金融资产时，应当按照（　　）计量。

A. 取得金融资产的账面价值　　B. 放弃债权的账面价值

C. 取得金融资产的公允价值　　D. 放弃债权的公允价值

2.债务人以存货清偿债务时，不影响债权人确认受让存货成本的是（　　）。

A. 存货的运输费用　　B. 放弃债权的账面价值

C. 存货的途中保险费用　　D. 放弃债权的公允价值

3.甲公司应收乙公司价款50万元，并对该账款计提了坏账准备5万元。经双方协议，甲公司同意乙公司将其拥有的一项交易性金融资产用于清偿债务，该项交易性金融资产的账面成本为40万元，公允价值变动为2万元，公允价值为46万元。

（1）甲公司确认交易性金融资产的成本为（　　）万元。

A. 40　　B. 42　　C. 45　　D. 46

（2）甲公司确认的债务重组利得或损失为（　　）万元。

A. 4　　B. 5　　C. 1　　D. 2

三、多项选择题

1.债务人以资产清偿债务的，计入损益的金额为（　　）之间的差额。

A.清偿债务账面价值　　B.偿债资产账面价值

C.清偿债务公允价值　　D.偿债资产公允价值

2.下列关于债权人受让非金融资产的成本确定说法正确的有（　　）。

A. 投资性房地产的成本，包括放弃债权的公允价值和可直接归属于该资产的税费等其他成本

B. 固定资产的成本，包括放弃债权的公允价值和使该资产达到预定可使用状态前所发生的可直接归属于该资产的税费、运输费、装卸费、安装费、专业人员服务费等其他成本

C. 存货的成本，包括放弃债权的公允价值和使该资产达到当前位置和状态所发生的可直接归属于该资产的税费、运输费、装卸费、保险费等其他成本

D. 债权人受让金融资产时，应当按照取得金融资产的账面价值计量

3.下列关于以多项资产清偿债务或者以组合方式进行债务重组的说法正确的有（　　）。

A. 债权人应当首先按照规定确认和计量受让的金融资产和重组债权

B. 其次，放弃债权的公允价值扣除受让金融资产和重组债权确认金额后的净额

C. 再次，按其净额在受让的金融资产以外的各项资产的公允价值比例分摊

D. 放弃债权的公允价值与账面价值之间的差额，应当计入当期损益

第三部分　职业实践能力训练

实训一

目的：实训债务人以货币性资产清偿债务

资料：甲公司因发生财务困难，致使前欠乙公司900 000元货款无法按期偿还，后经双方协商达成债务重组协议。目前该债权的公允价值为780 000元，甲公司全部以银行存款支付。乙公司已对该项应收账款计提了10 000元的坏账准备。

要求：根据上述资料，分别编制甲公司和乙公司债务重组的会计分录。

实训二

目的：实训债务人以非货币性资产清偿债务

资料：A公司因生产经营环境的变化，需要将自己的债权置换B公司的生产设备，经双方协商达成协议如下：

（1）A公司应收B公司账款500万元，已计提坏账准备5万元，公允价值为400万元。

（2）B公司的生产设备成本为700万元，已计提折旧300万元，公允价值为450万元，增值税税额为58.5万元。

（3）A公司和B公司均为增值税一般纳税人，A公司为取得设备发生的运输费用1万元、增值税0.09万元以银行存款支付。

要求：根据上述资料，分别编制A公司和B公司债务重组的会计分录。

实训三

目的：实训债务人将债务转为权益工具

资料：甲公司因生产经营管理的需要，将自己的债权置换乙公司的股权，经双方协商达成协议如下：

（1）甲公司应收乙公司账款1 000万元，已计提坏账准备20万元，公允价值为800万元。

（2）乙公司应付债务的账面价值为1 000万元，转为权益工具投资的公允价值为818万元，转为投资后，甲公司所占份额为乙公司注册资本4 000万元的15%，对乙公司具有重大影响，采用权益法进行后续计量。

（3）双方已经办妥有关手续。

要求：根据上述资料，分别编制甲公司和乙公司债务重组的会计分录。

实训四

目的：实训多项资产清偿债务或者组合方式的债务重组

资料：东海公司应收南海公司账款3 000万元，计提坏账准备100万元。由于东海公司经营管理的需要与南海公司协商进行债务重组，双方协议如下：

（1）债务重组日该项债权的公允价值为2 800万元。

（2）同意受让南海公司增发的股份100万股（每股面值1元）作为其他权益工具投资，该股权的公允价值为1 500万元。

（3）南海公司以生产设备偿还剩余债务，该生产设备账面成本为2 600万元，已计提折旧1 000万元，公允价值为1 200万元，适用的增值税税率为13%。

（4）东海公司以银行存款支付设备运输费3万元，增值税0.27万元。

（5）双方已经办妥有关手续。

要求：根据上述资料，分别编制两公司债务重组的会计分录。

第十二章

所有者权益的核算

第一部分　知识点、技能点回顾

一、实收资本与其他权益工具的核算

（一）实收资本的概念

实收资本是指企业按照章程规定或合同、协议的约定，接受投资者投入企业的资本。实收资本的构成比例或股东的股权比例，是确定所有者在企业所有者权益中份额的基础，也是企业进行利润或股利分配的主要依据。

（二）实收资本的核算

股份有限公司应当设置“股本”科目，其他企业则均应设置“实收资本”科目，核算企业实际收到的投资者投入的资本。实收资本（或股本）的会计核算见表12-1。

表12-1　实收资本（或股本）的会计核算

业务类型	会计处理	会计分录
接受现金资产投资	应当以实际收到或存入企业开户银行的金额作为实收资本入账，借记“银行存款”等科目，贷记“实收资本”“资本公积”科目	借：银行存款 贷：实收资本 资本公积——资本溢价
接受非现金资产投资	应按投资各方确认的价值作为实收资本入账，借记“固定资产”“原材料”“库存商品”“应交税费——应交增值税（进项税额）”等科目，贷记“实收资本”“资本公积”科目	借：固定资产/无形资产/原材料/库存商品 应交税费——应交增值税（进项税额） 贷：实收资本 资本公积——资本溢价
接受外币资产投资	应当在接受外币资产投资时，将实际收到的外币款项等资产按照收到外币资产当日的即期汇率折合的人民币金额，借记“银行存款”等科目，贷记“实收资本”科目	借：银行存款 贷：实收资本
发行股票	应按实际收到的金额，借记“银行存款”等科目，按股票面值和发行股份总额的乘积计算的金额，贷记“股本”科目，按其差额，贷记“资本公积——股本溢价”科目	借：银行存款 贷：股本 资本公积——股本溢价

（三）其他权益工具的核算

企业应设置“其他权益工具”科目反映企业发行的除普通股以外分类为权益工具的金融工具的账面价值，并在“其他权益工具”项目下设“优先股”和“永续债”两个项目，分别反映企业发行的分类为权益工具的优先股和永续债的账面价值。其他权益工具的会计核算见表12-2。

表12-2 其他权益工具的会计核算

业务类型	会计处理	会计分录
发行其他权益工具	按发行实际收取的价款金额，借记“银行存款”科目，按权益工具的发行金额扣除发行费用后的金额，贷记“其他权益工具”科目及相关明细科目	借：银行存款 贷：其他权益工具——优先股 ——永续债
按期确认股利或利息	企业持有其他权益工具期间，计算确认应付优先股股利或永续债利息时，借记“利润分配”科目，贷记“应付股利”科目	借：利润分配——分配优先股股利 ——分配永续债利息 贷：应付股利——分配优先股股利 ——分配永续债利息
回购其他权益工具	回购时，按实际回购金额借记“库存股”科目，贷记“银行存款”科目	借：库存股 贷：银行存款

二、资本公积和其他综合收益的核算

（一）资本公积的概念

资本公积是指收到投资者的超出其在企业注册资本（或股本）中所占份额的投资，以及直接计入所有者权益的利得和损失等，资本公积包括资本溢价（或股本溢价）和其他资本公积。

（二）资本公积的核算

企业应设置“资本公积”科目，用来核算企业收到投资者出资超出其在注册资本或股本中所占的份额以及直接计入所有者权益的利得和损失等。本科目还应当分为“资本溢价”（或“股本溢价”）、“其他资本公积”进行明细核算。资本公积的会计核算参见表12-1。

（三）其他综合收益的概念

其他综合收益是指企业根据其他会计准则的规定未在损益中确认的各项利得和损失扣除所得税影响后的净额。

（四）其他综合收益的核算

企业应设置“其他综合收益”科目，用来核算企业根据其他会计准则的规定未在当期损益中确认的各项利得和损失等。“其他综合收益”在资产处置时都转入到当期损益中。

三、留存收益的核算

（一）留存收益的概念及内容

留存收益是指企业从历年实现的利润中提取或形成的留存于企业的内部积累。留存收益来源于企业在生产经营活动中所实现的净利润，包括盈余公积和未分配利润两类。

盈余公积是指企业按照规定从净利润中提取的积累资金，包括法定盈余公积和任意盈余公积。未分配利润是指企业留在以后年度分配的利润或待分配利润，其来源是净利润扣除利润分配数额之后的余额。

（二）留存收益的核算

企业应设置“盈余公积”科目核算从净利润中提取的盈余公积。“盈余公积”科目应当分别“法定盈余公积”“任意盈余公积”明细科目进行核算。

未分配利润是通过“利润分配——未分配利润”科目进行核算的。

留存收益的核算见表12-3。

表12-3　　留存收益的核算

业务类型	会计处理	会计分录
提取盈余公积	按规定提取的盈余公积，借记“利润分配——提取法定盈余公积、提取任意盈余公积”科目，贷记“盈余公积”科目	借：利润分配——提取法定盈余公积 ——提取任意盈余公积 贷：盈余公积——法定盈余公积 ——任意盈余公积
用盈余公积转增资本	企业经批准用盈余公积转增资本，借记“盈余公积”科目，贷记“实收资本”或“股本”科目	借：盈余公积 贷：实收资本（或“股本”）
用盈余公积弥补亏损	企业经批准用盈余公积弥补亏损，借记“盈余公积”科目，贷记“利润分配——盈余公积补亏”科目	借：盈余公积 贷：利润分配——盈余公积补亏
结转本年利润或亏损	结转本年实现的净利润时，借记“本年利润”科目，贷记“利润分配——未分配利润”科目。如为净亏损，作反方向分录	借：本年利润 贷：利润分配——未分配利润 如为亏损，作反方向分录
结转本年已分配的利润	结转本年已分配的利润时，借记“利润分配——未分配利润”科目，贷记“利益分配”科目的其他明细科目	借：利润分配——未分配利润 贷：利润分配——应付现金股利 ——提取盈余公积

第二部分　职业判断能力训练

任务一　实收资本与其他权益工具的核算

一、判断题

1. 所有者权益就是投资人对企业净资产的要求权。（　　）

2. 企业接受的原材料投资，其增值税税额不能计入投入资本的成本。（　　）

3. 实收资本是指企业按照章程规定或合同、协议的约定，接受投资者投入企业的资本。（　　）

4. 企业发行股票支付的发行费用应列入“管理费用”科目。（　　）

5. 股份公司用资本公积转增资本，应该按照投资者各自出资比例增加各投资者的出

资额。（　　）

6. 企业应按权益工具的发行金额扣除发行费用后的金额，计入其他权益工具成本。（　　）

7. 无论是企业回购普通股，还是回购优先股或永续债，都通过“库存股”科目核算。（　　）

8. “其他权益工具”科目反映企业发行的除普通股以外分类为权益工具的金融工具的公允价值。（　　）

二、单项选择题

1. 所有者权益是指企业所有者对企业（　　）的所有权。

A. 全部资产　　B. 全部负债
C. 流动资产减去流动负债　　D. 净资产

2. 下列各项中，会引起企业所有者权益总额变动的是（　　）。

A. 提取盈余公积　　B. 用盈余公积弥补亏损
C. 用盈余公积转增资本　　D. 宣告分派现金股利

3. 某公司经批准后回购本公司股票减资，购回股票支付价款低于股票面值总额的，所注销库存股账面余额与冲减股本的差额应计入（　　）。

A. 盈余公积　　B. 营业外收入　　C. 资本公积　　D. 未分配利润

4. 企业发行股票发生的发行费用应列入（　　）科目。

A. “管理费用”　　B. “资本公积”　　C. “财务费用”　　D. “股本”

三、多项选择题

1. 所有者权益包括（　　）。

A. 其他综合收益　　B. 资本公积　　C. 盈余公积　　D. 未分配利润

2. 下列各项中，会引起所有者权益总额减少的有（　　）。

A. 发放股票股利　　B. 宣告发放现金股利
C. 回购本公司股票　　D. 以资本公积转增股本

3. 公司增加股本的途径主要有（　　）。

A. 将盈余公积转为股本　　B. 将资本公积转为股本
C. 发放股票股利　　D. 债务重组方式下将债务转为股本

4. 下列各项中，属于“其他权益工具”的有（　　）。

A. 普通股　　B. 优先股　　C. 公司债　　D. 永续债

任务二　资本公积和其他综合收益的核算

一、判断题

1. 企业用资本公积按规定程序转增资本，虽然增加了企业的注册资本，但不改变所有者权益的总额。（　　）

2. 资本公积和其他综合收益均与企业实现的净利润无关。（　　）

3. 资本溢价是指收到投资者的超出其在企业注册资本中所占份额的投资。（　　）

4. 其他综合收益是指企业根据其他会计准则的规定未在损益中确认的各项利得和

损失。（　　）

5. 其他综合收益可以用来转增资本。（　　）

二、单项选择题

1. 股本溢价是指股份有限公司发行股票时，发行价（　　）的部分。

A. 超过股票面值　B. 等于股票面值

C. 低于股票面值　D. 超过或低于股票面值

2. 甲公司经批准发行普通股股票6 000万股，每股面值1元，发行价1.2元，发行费用按发行收入的2%扣除。则记入“资本公积”科目的金额是（　　）万元。

A. 1 200　B. 0　C. 1 086　D. 1 056

3. 其他债权投资发生的公允价值变动应记入的会计科目是（　　）。

A. “资本公积”　B. “其他综合收益”

C. “盈余公积”　D. “未分配利润”

三、多项选择题

1. 下列各项中，属于资本公积核算内容的有（　　）。

A. 资本溢价　B. 股本溢价

C. 盈余公积　D. 其他资本公积

2. 下列各项中，影响其他综合收益的业务有（　　）。

A. 其他债权投资的公允价值变动

B. 企业将作为存货的房地产转为采用公允价值模式计量的投资性房地产，其公允价值大于账面价值的差额

C. 企业将自用的房地产转为采用公允价值模式计量的投资性房地产，其公允价值大于账面价值的差额

D. 确认按照权益法核算的在被投资单位其他综合收益中所享有的份额导致的其他综合收益的增加

任务三　留存收益的核算

一、判断题

1. 年终结转后，“利润分配——未分配利润”通常无余额。（　　）

2. 无论是以税前利润还是以税后利润弥补亏损，会计上均无须专门作账务处理。（　　）

3. 留存收益来源于企业在生产经营活动中所实现的净利润。（　　）

4. 未分配利润是指企业留在以后年度分配的利润或待分配利润。（　　）

5. 未分配利润是期初未分配利润，加上本期实现的利润，减去提取的各种盈余公积和分出利润后的余额。（　　）

二、单项选择题

1. 盈余公积是企业从（　　）中提取的公积金。

A. 销售利润　B. 营业利润

C. 利润总额　D. 税后利润

2.企业按所得税后利润的10%提取的法定盈余公积达到注册资本的（　　）时可不再提取。

A.5%　　B.10%　　C.25%　　D.50%

3.下列会计事项中，会引起企业所有者权益总额变动的是（　　）。

A.提取盈余公积　　B.用盈余公积弥补亏损

C.用盈余公积转增资本　　D.用未分配利润分派现金股利

4.企业用盈余公积转增资本时，保留的盈余公积余额不得少于注册资本的（　　）。

A. 15%　　B. 20%　　C. 25%　　D. 50%

5.下列各项中，会导致留存收益总额发生增减变动的是（　　）。

A.以资本公积转增资本　　B.以盈余公积补亏

C.以盈余公积转增资本　　D.以当年净利润弥补以前年度亏损

6.某企业年初盈余公积为300万元，未分配利润为200万元。本年实现利润总额600万元，企业所得税税率为25%。该企业本年可供分配利润为（　　）万元。

A.600　　B.650　　C.800　　D.1 100

三、多项选择题

1.企业的留存收益包括（　　）。

A.资本公积　　B.法定盈余公积

C.任意盈余公积　　D.未分配利润

2.盈余公积的用途有（　　）。

A.转增资本　　B.弥补亏损

C.发放股利　　D.偿还贷款

3.弥补亏损的途径主要有（　　）。

A.用实收资本弥补　　B.用盈余公积弥补

C.用税前利润弥补　　D.用税后利润弥补

4.下列各项中，属于“利润分配”科目下设置的明细科目有（　　）。

A.“提取法定盈余公积”　　B.“应付现金股利”

C.“盈余公积补亏”　　D.“未分配利润”

5.下列各项仅影响所有者权益各项目内部结构变动的项目有（　　）。

A.用盈余公积弥补亏损　　B.用盈余公积转增资本

C.宣告分配现金股利　　D.用资本公积转增资本

6.下列各项中，年度终了需要转入“利润分配——未分配利润”科目的有（　　）。

A.本年利润　　B.利润分配——应付现金股利

C.利润分配——盈余公积补亏　　D.利润分配——提取法定盈余公积

7.下列各项中，不会引起留存收益变动的有（　　）。

A.用盈余公积补亏　　B.计提法定盈余公积

C.用盈余公积转增资本　　D.计提任意盈余公积

8.年度终了，下列账户期末没有余额的有（　　）。

A.本年利润　　B.利润分配——应付现金股利

C.利润分配——未分配利润　　　　D.利润分配——提取法定盈余公积

第三部分　职业实践能力训练

实训一

目的：实训实收资本与其他权益工具的核算

资料：A公司为增值税一般纳税人，本年发生经济业务如下：

（1）4月5日接到银行通知，投资者向该公司投入资本人民币4 000 000元到账。

（2）4月10日该公司收到M公司投入的设备一台，投入设备原价为600 000元，已提折旧80 000元，经评估确认该设备的价值为550 000元，增值税71 500元。

（3）国家以土地使用权向该公司投资，土地使用权的协议价为3 000 000元。

（4）该公司收到P公司投入的原材料一批，原价为1 800 000元，经评估确认价值为1 500 000元，增值税195 000元。

（5）该公司收到N公司投入的专利权，账面成本150 000元，累计摊销80 000元，公允价值为200 000元，增值税专用发票列明的增值税为12 000元。

（6）以资本公积转增资本240 000元。

要求：根据上述经济业务，编制有关的会计分录。

实训二

目的：实训股本的核算

资料：甲股份有限公司发生经济业务如下：

（1）2021年10月经批准增发普通股3 000万股，每股面值1元，每股市价4.50元，在发行过程中支付发行费用400万元，公司已办妥增资变更手续，认股款已存入银行。

（2）2022年5月经批准发行优先股股票80万股，每股100元，共支付发行费用150万元，发行价款已收到并存入银行。

（3）2023年3月，因受疫情影响决定收缩经营规模，经批准通过回购本公司普通股股份300万股，回购价每股5.20元。

（4）注销库存股。该公司现“资本公积”科目贷方余额为1 200万元，“盈余公积”科目贷方余额为700万元，“利润分配——未分配利润”科目贷方余额为800万元。

要求：根据以上经济业务，编制有关的会计分录（分录金额用“万元”表示）。

实训三

目的：实训资本公积和其他综合收益的核算

资料：甲上市公司2023年发生与其股票有关的业务如下：

（1）1月4日，经股东大会决议，并报有关部门核准，增发普通股40 000万股，每股面值1元，每股发行价格5元，发行费用按发行价格的4%扣除，目前股款已全部收到并存入银行。

（2）3月31日，其他债权投资账面价值500万元，公允价值550万元。

（3）5月12日，拥有乙公司20%的股权，采用权益法核算。乙公司增加资本公积60万元。

（4）6月20日，接受丙公司投资固定资产，双方协议价值300万元，增值税39万元，确认的资本份额为200万元。

（5）8月26日，将自有房地产转换为投资性房地产，并采用公允价值计量。转换时该房地产的账面成本800万元，已提折旧240万元，公允价值900万元。

（6）9月18日，处置长期股权投资时，应转出的“资本公积——其他资本公积”的贷方金额为30万元。

（7）10月22日，以股本溢价转增股本400 000元。

（8）12月10日，处置其他债权投资取得银行存款219万元，其中：“其他债权投资——成本”余额185万元，“其他债权投资——公允价值变动”余额12万元。

要求：根据以上经济业务，编制有关的会计分录（分录金额用“万元”表示）。

实训四

目的：实训留存收益的核算

资料：新海公司2020年年初“盈余公积”科目余额100万元，“利润分配——未分配利润”科目余额280万元。本年发生经济业务如下：

（1）从税后利润800万元中提取法定盈余公积80万元，任意盈余公积200万元。

（2）宣告发放现金股利300万元。

（3）用盈余公积转增资本120万元。

（4）将本年实现的净利润转入“利润分配——未分配利润”科目。

（5）将本年已分配的利润转入“利润分配——未分配利润”科目。

要求：

（1）根据上述经济业务，逐题编制会计分录（分录金额用“万元”表示）。

（2）计算2020年年末“盈余公积”和“利润分配——未分配利润”的科目余额。

实训五

目的：综合实训留存收益的核算

资料：甲公司2016年至2024年度有关业务资料如下：

（1）2016年1月1日，甲公司股东权益总额为46 500万元（其中，股本总额为10 000万股，每股面值为1元；资本公积为30 000万元；盈余公积为6 000万元；未分配利润为500万元）。2016年度实现净利润400万元，股本与资本公积项目未发生变化。

2017年3月1日，甲公司董事会提出如下预案：

① 按2016年度实现净利润的10%提取法定盈余公积。

② 以2016年12月31日的股本总额为基数，以资本公积（股本溢价）转增股本，每10股转增4股，计4 000万股。

2017年5月5日，甲公司召开股东大会，审议批准了董事会提出的预案，同时决定分派现金股利300万元。2013年6月10日，甲公司办妥了上述以资本公积转增股本的有关手续。

（2）2017年度，甲公司发生净亏损3 142万元。

（3）2018年至2023年度，甲公司分别实现利润总额200万元、300万元、400万元、500万元、600万元和600万元。假定甲公司采用资产负债表债务法核算所得税，适用的所得税税率为25%；无其他纳税调整事项。

（4）2024年5月9日，甲公司股东大会决定以法定盈余公积弥补2023年12月31日账面累计未弥补亏损。

假定：

（1）2017年发生的亏损可用以后5年内实现的税前利润弥补；

（2）除前述事项外，其他因素不予考虑。

要求：

（1）编制甲公司2017年提取2016年度法定盈余公积的会计分录。

（2）编制甲公司2017年5月宣告分派2016年度现金股利的会计分录。

（3）编制甲公司2017年6月以资本公积转增股本的会计分录。

（4）编制甲公司2017年度结转当年净亏损的会计分录。

（5）计算甲公司2023年度应交所得税并编制结转当年净利润的会计分录。

（6）计算甲公司2023年12月31日账面累计未弥补亏损。

（7）编制甲公司2024年5月以法定盈余公积弥补亏损的会计分录。

（计算及分录金额用“万元”表示）

项目十三

所得税的核算

第一部分　知识点、技能点回顾

一、所得税会计的基本原理

（一）所得税会计的概念

所得税会计是研究处理会计收益和应税收益差异的会计理论和方法。按企业会计准则确认的收入、费用计算的会计利润（或利润总额）称为会计收益，按税法确认的收益、费用计算的应税利润（应纳税所得额）称为应税收益。如何协调两者的关系，演变为所得税会计。

（二）所得税会计处理方法

从确认收益实现和费用扣减的时间和口径的角度去研究所得税，并据此采用的会计处理方法，称为利润表法，它包括应付税款法和纳税影响会计法。

如果从确认企业资产和负债的计税基础角度去研究所得税的会计处理，称为资产负债表法，它包括资产负债表债务法和资产负债表递延法。

二、资产负债表债务法的会计处理

（一）资产负债表债务法的概念

资产负债表债务法是指从资产负债表出发，通过比较资产负债表上列示的资产、负债，按照企业会计准则的规定确定的账面价值与按照税法的规定确定的计税基础，对于两者之间的差额，分别确认相关的递延所得税负债与递延所得税资产，并在此基础上确定每一期间利润表中的所得税费用的一种方法。

（二）资产负债表债务法的核算程序

（1）确定资产和负债的账面价值

（2）确定资产和负债的计税基础

（3）计算递延所得税资产或递延所得税负债

（4）确定利润表中的所得税费用

（三）计税基础

计税基础是指在资产负债表日根据企业所得税法的规定为计算应交所得税所确认的资产、负债的价值。资产的计税基础是指企业收回资产账面价值的过程中，计算应纳税所得额时按照税法的规定可以自应税经济利益中抵扣的金额。负债的计税基础是指负债的账面价值减去未来期间计算应纳税所得额时按照税法的规定可予抵扣的金额。

（四）暂时性差异

暂时性差异是指资产或负债的账面价值与其计税基础之间的差额，它包括应纳税暂时性差异和可抵扣暂时性差异。有关内容见表13-1。

表13-1 暂时性差异的内容

暂时性差异	概念	类型	递延所得税
应纳税暂时性差异	应纳税暂时性差异，是指在确定未来收回资产或清偿负债期间的应纳税所得额时，将导致产生应税金额的暂时性差异	（1）资产的账面价值大于其计税基础 （2）负债的账面价值小于其计税基础	在该暂时性差异产生当期，应当确认相关的递延所得税负债
可抵扣暂时性差异	可抵扣暂时性差异，是指在确定未来收回资产或清偿负债期间的应纳税所得额时，将导致产生可抵扣金额的暂时性差异	（1）资产的账面价值小于其计税基础 （2）负债的账面价值大于其计税基础	在该暂时性差异产生当期，应当确认相关的递延所得税资产

（五）递延所得税项目的确认和计量

（1）递延所得税资产的确认和计量

资产、负债的账面价值与其计税基础不同产生可抵扣暂时性差异，在估计未来期间能够取得足够的应纳税所得额可以利用该可抵扣暂时性差异时，应当以很可能取得用来抵扣可抵扣暂时性差异的应纳税所得额为限，确认相关的递延所得税资产。在确认递延所得税资产时，同时调整所得税费用或资本公积等项目。

（2）递延所得税负债的确认和计量

企业对于所有的应纳税暂时性差异，均应确认相关的递延所得税负债。在确认递延所得税负债的同时，应增加利润表中的所得税费用。

（六）所得税费用的确认和计量

（1）当期所得税，即应交所得税，是指企业按照税法的规定计算确定的、针对当期发生的交易和事项，应交纳给税务部门的所得税金额。

（2）递延所得税费用（或收益），是指按照企业会计准则的规定应予确认的递延所得税资产和递延所得税负债在期末应有的金额相对于原已确认金额之间的差额，即递延所得税资产及递延所得税负债的当期发生额。

（3）所得税费用，是指当期所得税与递延所得税费用（或收益）之和。

第二部分　职业判断能力训练

任务一　所得税会计的基本原理

一、判断题

1. 所得税会计是研究处理会计收益和应税收益差异的会计理论和方法。（　　）

2. 永久性差异是指某一会计期间，由于会计准则和税法在计算收益、费用时的口径不同，所产生的税前会计利润与应税所得之间的差异。（　　）

3. 时间性差异是指资产或负债的账面价值与其计税基础之间的差额。（　　）

4. 从确认收益实现和费用扣减的时间和口径的角度去研究所得税的方法称为利润表法。（　　）

5. 永久性差异的共同特征是：差异在本期发生，不会在以后任何时候转回。（　　）

6. 应付税款法下，本期所得税费用等于本期应交所得税。（　　）

二、单项选择题

1. 下列各项中，属于时间性差异的是（　　）。

A. 税收罚款和滞纳金　　B. 企业违法经营罚款

C. 企业计提的存货跌价准备　　D. 超标准支付的业务招待费

2. 下列各项中，属于永久性差异的是（　　）。

A. 企业计提的坏账准备　　B. 企业计提的固定资产减值准备

C. 支付的税收滞纳金　　D. 税法折旧与会计折旧的差异

3. 某企业年度利润总额为1 800万元，其中本年度国债利息收入200万元，已计入营业外支出的税收滞纳金6万元，计提的存货跌价准备10万元，企业所得税税率为25%。假定不考虑其他因素，在应付税款法下回答下列问题：

（1）该企业本年度应纳税所得额为（　　）万元。

A.1 800　　B.2 000　　C.1 606　　D.1 616

（2）该企业本年度应交所得税为（　　）万元。

A.450　　B.404　　C.401.5　　D.400

（3）该企业本年度所得税费用为（　　）万元。

A.450　　B.401.5　　C.400　　D.404

三、多项选择题

1. 由于会计准则与税法在收益、费用或损失的确认和计量原则方面的不同，而导致税前会计利润与应税所得之间的差异，包括（　　）。

A. 时间性差异　　B. 永久性差异

C. 应纳税暂时性差异　　D. 可抵扣暂时性差异

2. 下列各项中，属于永久性差异的有（　　）。

A. 国债利息收入　　B. 违法经营罚款

C. 企业赞助支出　　D. 超标准支付的业务招待费

3. 下列各项中，属于时间性差异的有（　　）。

A. 企业计提的坏账准备　　B. 企业确认的预计负债

C. 支付的税收滞纳金　　D. 税法折旧与会计折旧的差异

4. 下列各项中，属于所得税会计处理方法的利润表法的有（　　）。

A. 应付税款法　　B. 纳税影响会计法

C. 债务法　　D. 递延法

任务二　资产负债表债务法

一、判断题

1. 暂时性差异是指资产或负债的账面价值与其计税基础之间的差额。（　　）

2. 资产的计税基础，是指某一项资产在未来期间计税时可以税前扣除的金额。 （ ）

3. 负债的计税基础，是指负债的账面价值减去未来期间计算应纳税所得额时按照税法规定可予抵扣的金额。 （ ）

4. 应纳税暂时性差异在该暂时性差异产生当期，产生递延所得税资产。 （ ）

5. 负债的账面价值小于其计税基础，产生应纳税暂时性差异。 （ ）

6. 资产的账面价值小于其计税基础，产生可抵扣暂时性差异。 （ ）

7. 利润表中的所得税费用包括当期所得税和递延所得税两个部分。 （ ）

8. 在会计处理上，以后年度的未弥补亏损视同可抵扣暂时性差异。 （ ）

二、单项选择题

1. 某企业2023年应收账款余额200万元，坏账准备提取率为10%，年初坏账准备无余额。则应收账款的计税基础为（ ）万元。

A.0 B.180 C.200 D.210

2. 下列各项中，其计税基础为零的是（ ）。

A. 其他应付款 B. 应付账款 C. 预计负债 D. 应付职工薪酬

3. 某管理用设备本年会计计提折旧40万元，税法允许计提折旧15万元。企业所得税税率为25%，在资产负债表列示的递延所得税资产为（ ）万元。

A.13.75 B.6.25 C.10 D.3.75

4. 企业本年度实现的利润总额为1 800万元，其中本年度国债利息收入为200万元，计提的坏账准备为8万元；企业所得税税率为25%。在资产负债表债务法下，本年度所得税费用为（ ）万元。

A.400 B.452 C.498 D.502

5. 所得税采用资产负债表债务法核算，其暂时性差异是指（ ）。

A. 资产、负债的账面价值与其公允价值之间的差额

B. 资产、负债的账面价值与其计税基础之间的差额

C. 会计利润与税法应纳税所得额之间的差额

D. 仅仅是资产的账面价值与其计税基础之间的差额

三、多项选择题

1. 下列各项中，产生应纳税暂时性差异的有（ ）。

A. 应付的税收滞纳金 B. 税法折旧大于会计折旧的差额

C. 计提的存货跌价准备 D. 交易性金融资产的公允价值升值

2. 资产或负债的账面价值与其计税基础之间的差额，是指（ ）。

A. 时间性差异 B. 永久性差异

C. 应纳税暂时性差异 D. 可抵扣暂时性差异

3. 下列各项中，产生可抵扣暂时性差异的有（ ）。

A. 提取的产品质量保证费用 B. 提取的存货跌价准备

C. 提取的固定资产减值准备 D. 交易性金融资产公允价值变动收益

4.下列各项中，会引起所得税费用增加的有（　　）。

A.应交所得税　　B.本期发生的应纳税暂时性差异

C.本期发生的可抵扣暂时性差异　　D.本期转回的可抵扣暂时性差异

5.下列各项中，会产生可抵扣暂时性差异的有（　　）。

A.资产的账面价值大于计税基础　　B.资产的账面价值小于计税基础

C.负债的账面价值大于计税基础　　D.负债的账面价值小于计税基础

6.所得税费用包括（　　）。

A.应交所得税　　B.递延所得税费用

C.递延所得税收益　　D.应纳税所得额

第三部分　职业实践能力训练

实训一

目的：实训应付税款法的核算

资料：A企业适用的所得税税率为25%，所得税采用应付税款法核算。本年实现利润总额2 590 000元，其中包括：

（1）当期按会计制度计提折旧180 000元，按税法规定应计提折旧360 000元。

（2）当期购入国库券，确认国库券利息收入26 000元。

（3）企业接到环保部门的处罚通知，要求支付罚款600 000元，款项尚未支付。

（4）企业发生的超标准业务招待费为60 000元。

（5）对外赞助支出80 000元。

（6）计提的应收账款坏账准备为54 000元。

要求：

（1）指出上述交易或事项，哪些属于永久性差异，哪些属于时间性差异。

（2）计算确认当期所得税和所得税费用。

（3）编制相关的会计分录。

实训二

目的：实训资产负债表债务法的递延所得税负债的核算

资料：茂源公司于2017年12月购入一台设备并投入使用，该设备成本为210 000元，预计使用年限6年，预计无残值。会计上按年限平均法计提折旧，但企业计税时按年数总和法计提折旧。假定税法规定的使用年限及净残值均与会计相同。假定该公司各会计期间均未对固定资产计提减值准备。假定公司所得税税率一直为25%。

要求：

（1）计算填列表13-2中空白项目的数字。

表13-2　　资产负债表债务法计算表　　金额单位：元

项　目	2018年	2019年	2020年	2021年	2022年	2023年
实际成本						
累计会计折旧						
账面价值						
累计计税折旧						
计税基础						
暂时性差异						
适用税率	25%	25%	25%	25%	25%	25%
递延所得税负债余额						
递延所得税负债发生额						

（2）编制2023年与递延所得税负债有关的会计分录。

实训三

目的：实训资产负债表债务法的递延所得税负债的核算

资料：甲公司2022年度利润表中利润总额为800万元，该公司适用的所得税税率为25%，所得税采用资产负债表债务法进行核算。在2023年发生的有关交易或事项中，会计处理与税收处理存在差别的经济业务有：

（1）2022年12月取得一项固定资产，成本1 000万元，使用年限为10年，净残值为零，会计上采用平均年限法计提折旧，税法按双倍余额递减法计提折旧。假定税法规定的使用年限与净残值与会计规定相同。

（2）本年确认的国库券利息收入为40万元。

（3）本年支付税收罚款10万元。

（4）期末，对持有的存货计提了50万元的存货跌价准备。

（5）本年其他债权投资公允价值增加18万元。

（6）本年交易性金融资产公允价值增加6万元。

要求：

（1）确定哪些事项形成暂时性差异。

（2）计算甲公司2023年应确定的递延所得税资产或递延所得税负债。

（3）确定甲公司2023年应纳税所得额及应交所得税。

（4）计算确定2023年所得税费用。

（5）编制有关所得税的会计分录。

项目十四

收入、费用和利润的核算

第一部分　知识点、技能点回顾

一、收入的确认和计量

（一）收入的确认和计量原则

企业应当在履行了合同中的履约义务，即在客户取得相关商品控制权时确认收入。企业与客户之间的合同同时满足下列五项条件的，企业应当在客户取得相关商品控制权时确认收入。

（1）合同各方已批准该合同并承诺将履行各自义务；

（2）该合同明确了合同各方与所转让商品相关的权利和义务；

（3）该合同有明确的与所转让商品相关的支付条款；

（4）该合同具有商业实质，即履行该合同将改变企业未来现金流量的风险、时间分布或金额；

（5）企业因向客户转让商品而有权取得的对价很可能收回。

（二）收入确认和计量的步骤

收入的确认和计量大致分为五步（如图14-1所示）。

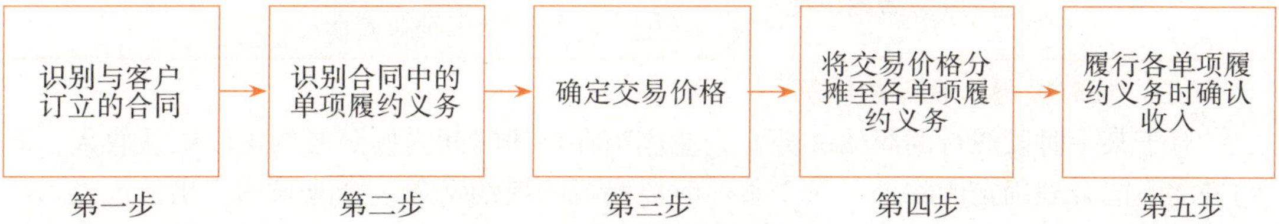

图14-1　收入的确认和计量

其中，第一步、第二步和第五步主要与收入的确认有关，第三步和第四步主要与收入的计量有关。

二、收入的核算

（一）按时点确认收入的核算

对于在某一时点履行的履约义务，企业应当在客户取得相关商品控制权时点确认收入。企业按时点确认收入的核算见表14-1。

表14-1　按时点确认收入的会计核算

业务类型	相关规定	会计处理
现销和赊销业务	现销业务是指在商品销售的同时就可以收回货款，这种方式比较常见。赊销业务指的是商品销售的同时不能及时收回货款	借：银行存款/应收票据/应收账款 　贷：主营业务收入 　　应交税费——应交增值税（销项税额）
已经发出商品但不确认收入	企业按合同发出商品后，企业向客户转让商品的对价未达到“很可能收回”收入的确认条件，不确认收入	借：发出商品 　贷：库存商品 待满足收入确认条件，按上述规定处理

续表

业务类型	相关规定		会计处理
销售中发生折扣、折让	涉及现金折扣的，应该估计可变对价后确认销售商品收入金额 涉及商业折扣的，应当按照扣除商业折扣后的金额确定销售商品收入金额 涉及销售折让的，应在发生时冲减当期销售商品收入		借：银行存款/应收票据/应收账款 　贷：主营业务收入 　　　应交税费——应交增值税（销项税额） 现金折扣属于可变对价，企业需要对现金折扣进行估计，按照期望值或最可能发生额确定可变对价的最佳估计数 发生销售折让，作收入确认的反方向分录
销货退回	发生时，在冲减当期销售商品收入的同时冲减当期销售商品成本		借：主营业务收入 　应交税费——应交增值税（销项税额） 　贷：银行存款/应收票据/应收账款等
委托代销商品	委托方	在受托方售出商品后，收到代销清单时确认收入	借：银行存款/应收账款等 　贷：主营业务收入 　　　应交税费——应交增值税（销项税额）
	受托方	按合同或协议约定的方法计算确定的手续费确认收入	借：应付账款 　贷：银行存款 　　　其他业务收入

（二）按时段确认收入的核算

对于某一时段履行的履约义务，企业应当在该段时间内按照履约进度确认收入，履约进度不能合理确定的除外。对于某一时段履行的履约义务，企业采用产出法或投入法确定恰当的履约进度，并设置“合同取得成本”和“合同履约成本”科目进行核算，其核算见表14–2。

表14–2　　按时段确认收入的会计核算

业务类型	合同取得成本	合同履约成本
基本含义	企业为取得合同发生的增量成本预期能够收回的，应当作为合同取得成本	企业为履行合同发生的成本，且不属于存货、固定资产、无形资产等会计准则规范范围的，应当作为合同履约成本
成本发生时	借：合同取得成本 　贷：银行存款/库存现金等	借：合同履约成本 　贷：应付职工薪酬/银行存款/累计折旧等
摊销规定	应当采用与该资产相关的商品收入确认相同的基础进行摊销，计入当期损益	应当采用与该资产相关的商品收入确认相同的基础进行摊销，计入当期损益
摊销的会计处理	借：销售费用 　贷：合同取得成本	借：主营业务成本 　贷：合同履约成本

三、费用的核算

（一）费用的概念及内容

费用是指企业在日常活动中发生的、会导致所有者权益减少的、与向所有者分配利润无关的经济利益的总流出。企业的费用包括营业成本、税金及附加和期间费用等。营业成本包括主营业务成本、其他业务成本；期间费用包括销售费用、管理费用和财务费用。

（二）费用的会计处理

费用的会计核算见表14-3。

表14-3　　费用的会计核算

业务类型	发生时	结转时
主营业务成本	借：主营业务成本 　　贷：库存商品/发出商品/合同履约成本等	借：本年利润 　　贷：主营业务成本
其他业务成本	借：其他业务成本 　　贷：原材料/周转材料/累计折旧/累计摊销等	借：本年利润 　　贷：其他业务成本
税金及附加	借：税金及附加 　　贷：应交税费	借：本年利润 　　贷：税金及附加
销售费用	借：销售费用 　　贷：银行存款等	借：本年利润 　　贷：销售费用
管理费用	借：管理费用 　　贷：银行存款/周转材料/累计折旧/累计摊销等	借：本年利润 　　贷：管理费用
财务费用	借：财务费用 　　贷：应付利息/长期借款/应付债券等	借：本年利润 　　贷：财务费用

四、利润的核算

（一）利润的构成

利润是指企业在一定会计期间的经营成果。利润包括收入减去费用后的净额、直接计入当期利润的利得和损失等，包括营业利润、利润总额和净利润等。

营业利润=营业收入-营业成本-税金及附加-销售费用-管理费用-研发费用-财务费用+其他收益±投资损益±公允价值变动损益-信用减值损失-资产减值损失±资产处置损益

利润总额=营业利润+营业外收入-营业外支出

净利润=利润总额-所得税费用

（二）营业外收入和营业外支出的核算

营业外收入是指企业发生的与其日常活动无直接关系的各项利得，主要包括非流动资产毁损报废收益、与其日常活动无关的政府补助、盘盈利得、捐赠利得、债务重组利得、确实无法支付而按规定程序经批准后转作营业外收入的应付款项等。

营业外支出是指企业发生的与其日常活动无直接关系的各项损失，主要包括非流动资产毁损报废损失、公益性捐赠支出、盘亏损失、非常损失、罚款支出等。

（三）政府补助的核算

政府补助是指企业从政府无偿取得的货币性资产或非货币性资产，但不包括政府作为企业所有者投入的资本。政府补助的形式主要包括财政拨款、财政贴息、税收返还等。

政府补助的核算分为与资产相关的政府补助和与收益相关的政府补助，与资产相关的政府补助见表14-4。

表14-4 与资产相关的政府补助在总额法、净额法下的会计处理

项目	总额法	净额法
收到政府补助时	借：银行存款等 　　贷：递延收益	借：银行存款等 　　贷：递延收益
购置资产时	借：固定资产等 　　贷：银行存款	借：固定资产等 　　贷：银行存款 借：递延收益 　　贷：固定资产等
分期折旧或摊销时	借：制造费用等 　　贷：累计折旧 借：递延收益 　　贷：其他收益或营业外收入	借：制造费用等 　　贷：累计折旧
提前处置资产时	借：固定资产清理 　　累计折旧 　　贷：固定资产 借：递延收益 　　贷：固定资产清理	借：固定资产清理 　　累计折旧 　　贷：固定资产

企业在取得与收益相关的政府补助时，也应当选择采用总额法或是净额法。选择总额法的，应当计入其他收益或营业外收入。选择净额法的，应当冲减相关成本费用或营业外支出。

（四）本年利润的会计处理

会计期末结转本年利润的方法有表结法和账结法两种。

（1）表结法下，各损益类科目每月月末只需结计出本月发生额和月末累计余额，不结转到“本年利润”科目。只有在年末时，才将全年累计余额结转到“本年利润”科目。

（2）账结法下，每月月末均需编制转账凭证，将在账上结计出的各损益类科目的余额结转到“本年利润”科目。

第二部分　职业判断能力训练

任务一　收入的核算

一、判断题

1. 企业应当在履行了合同中的履约义务，即在客户取得相关商品控制权时确认收入。（　　）

2. 企业收入的会计处理是以企业与客户之间的单个合同为基础的。（　　）

3. 企业为履行合同而应开展的初始活动，通常也构成履约义务。（　　）

4. 取得相关商品控制权，是指客户能够主导该商品的使用并从中获得几乎全部的经济利益。（　　）

5. 企业应当按照分摊至各单项履约义务的交易价格计量收入。（　　）

6. 如果两份或多份合同基于同一商业目的而订立并构成“一揽子交易”，应当合并为一份合同进行会计处理。（　　）

7. 合同中存在重大融资成分的，企业应当按照假定客户在取得商品控制权时即以现销价格确定交易价格。（　　）

8. 当企业因转让商品而有权向客户收取的对价是存货时，应当按照存货在合同开始日的账面价值确定交易价格。（　　）

9. 对于一项履约义务，应首先分析判断是否为某一时点履行的履约义务。（　　）

10. 对于在某一时点履行的履约义务，企业应当在客户取得相关商品控制权时点确认收入。（　　）

11. 企业向客户转让商品的对价未达到“很可能收回”的确认条件时，不确认收入。（　　）

12. 企业销售商品涉及现金折扣的，应当按照扣除现金折扣前的金额确定销售商品收入金额。（　　）

13. 企业销售商品涉及商业折扣的，应当按照扣除商业折扣前的金额确定销售商品收入金额。（　　）

14. 销售折让和销货退回都需要冲减销售收入和调增库存商品。（　　）

15. 当选择的产出指标无法计量控制权已转移给客户的商品时，不应采用产出法。（　　）

16. 当企业发生的投入是在整个履约期间平均发生时，企业也可以按照直线法确认收入。（　　）

17. 为简化核算，合同取得成本的摊销期限不超过一年的，可以在发生时计入当期损益。（　　）

18. 企业为履行合同发生的成本，属于流动资产。（　　）

二、单项选择题

1.下列事项不构成“履约义务”的是（　　）。

A.合同中明确的承诺　　B.企业已公开宣布的政策

C.企业以往的习惯做法　　D.为履行合同而应开展的初始活动

2.与企业订立合同以向该企业购买其日常活动产出的商品或服务并支付对价的一方称为（　　）。

A.供应商　　B.客户　　C.合作伙伴　　D.雇主

3.企业因向客户转让商品而预期有权收取的对价金额称为（　　）。

A.交易价格　　B.可变对价　　C.现金对价　　D.非现金对价

4.按照各种可能发生的对价金额及相关概率计算确定的金额称为（　　）。

A.可变对价　　B.平均值　　C.期望值　　D.对价平均值

5.企业确定的交易价格与合同承诺的对价金额之间的差额，应当在合同期间内采用（　　）摊销方法。

A.直线法　　B.实际利率法　　C.投入法　　D.产出法

6.对于购货方实际享受的现金折扣，销售企业应作的会计处理是（　　）。

A.冲减当期主营业务收入　　B.增加当期财务费用

C.增加当期主营业务成本　　D.增加当期管理费用

7.企业采用预收款方式销售商品，确认收入的时点是（　　）。

A.收到货款时　　B.按合同约定的日期

C.发出商品时　　D.收到支付凭证时

8.企业对于已经发生但尚未确认销售收入的商品成本，应借记的会计科目是（　　）。

A.“在途物资”　　B.“库存商品”

C.“主营业务成本”　　D.“发出商品”

9.企业采用支付手续费方式委托代销商品，委托方确认商品销售收入的时间是（　　）。

A.签订代销协议时　　B.发出商品时

C.收到代销清单时　　D.收到代销款时

10.公司采用分期收款方式销售大型设备4套，合同价2 000万元。分5次等额收取，每次收取400万元，该设备现销方式下销售价格1 600万元。则确认的收入金额为（　　）万元。

A.2 000　　B.1 600　　C.500　　D.400

三、多项选择题

1.客户取得商品控制权应同时包括的要素有（　　）。

A.客户有能力　　B.客户取得商品所有权

C.客户能主导该商品的使用　　D.客户能够获得几乎全部的经济利益

2.企业与客户之间的合同同时满足（　　），企业才确认收入。

A.合同各方已批准该合同并承诺将履行各自义务

B. 该合同明确了合同各方与所转让商品相关的权利和义务
C. 该合同有明确的与所转让商品相关的支付条款，且很可能收回
D. 该合同具有商业实质

3.下列各项中，属于与收入的确认有关的步骤有（　　）。
A.识别与客户订立的合同　　B.识别合同中的单项履约义务
C.确定交易价格　　D.履行各单项履约义务时确认收入

4.下列各项中，属于与收入的计量有关的步骤有（　　）。
A.识别与客户订立的合同　　B.识别合同中的单项履约义务
C.确定交易价格　　D.将交易价格分摊至各单项履约义务

5.企业在确定交易价格时，应当充分考虑的影响因素有（　　）。
A.可变对价　　B.合同中存在重大融资成分
C.非现金对价　　D.应付客户对价

6.单独售价无法直接观察的，企业采用（　　）等方法合理估计单独售价。
A.市场调整法　　B.成本加成法　　C.余值法　　D.边际贡献法

7.企业取得的下列款项中，符合“收入”会计要素定义的有（　　）。
A.出租固定资产收取的租金　　B.报废固定资产收取的残值收入
C.出售原材料收取的价款　　D.出售自制半成品收取的价款

8.下列各项中，通常应确认收入的有（　　）。
A.预计不可收回货款的材料在发出时　　B.委托代销材料在材料发出时
C.订货销售在材料发出时　　D.预收款销售在材料发出时

9.下列各项属于确定履约进度方法的有（　　）。
A.直线法　　B.实际利率法　　C.投入法　　D.产出法

10.下列各项中，不属于合同取得成本的有（　　）。
A.销售佣金　　B.差旅费　　C.投标费　　D.销售绩效工资

11.下列各项属于合同履约成本的有（　　）。
A.应付职工薪酬　　B.领用材料成本　　C.管理费用　　D.非正常消耗

任务二　费用的核算

一、判断题

1. 工业企业为拓展销售市场所发生的业务招待费，应计入销售费用。（　　）

2. 现金折扣和销售折让，均应在实际发生时计入当期财务费用。（　　）

3. 管理费用不多的商品流通企业，可不设本科目，相关核算内容可并入“销售费用”科目核算。（　　）

4. 企业的费用包括营业成本、税金及附加和期间费用等。（　　）

5. 企业发生的与专设销售机构相关的固定资产修理费用，应在发生时计入销售费用。（　　）

二、单项选择题

1.下列各项中，应计入财务费用的是（　　）。

A.应收票据贴现利息　　B.按面值发行股票发生的手续费
C.国库券利息收入　　D.购买短期持有股票支付的交易费用

2.企业为购买原材料所发生的银行承兑汇票手续费，应当计入（　　）。
A.管理费用　　B.财务费用　　C.原材料　　D.材料采购

3.企业销售部门支付的业务招待费，应计入（　　）。
A.管理费用　　B.财务费用　　C.销售费用　　D.制造费用

4.生产车间支付的设备修理费用应计入（　　）。
A.固定资产　　B.管理费用　　C.制造费用　　D.销售费用

5.企业专设销售机构的固定资产折旧费应计入（　　）。
A.管理费用　　B.销售费用　　C.主营业务成本　　D.其他业务成本

6.企业支付的超标准业务招待费应计入（　　）。
A.营业外支出　　B.管理费用　　C.主营业务成本　　D.销售费用

三、多项选择题

1.下列各项中，应计入其他业务成本的有（　　）。
A. 领用的用于出借的新包装物成本
B. 领用的用于出租的新包装物成本
C. 随同材料出售单独计价的包装物成本
D. 随同材料出售不单独计价的包装物成本

2.下列各项中，最终会归集到期间费用的有（　　）。
A.业务招待费　　B.生产车间经营租赁租入设备的租金
C.企业管理人员的工资　　D.生产工人的劳动保护费

3.下列各项属于企业期间费用的有（　　）。
A.销售费用　　B.制造费用　　C.管理费用　　D.财务费用

4.下列各项中，属于管理费用开支范围的有（　　）。
A.城镇土地使用税　　B.咨询费
C.业务招待费　　D.研究费用

5.计入销售费用的有（　　）。
A.广告费　　B.出租包装物的摊销
C.出借包装物的摊销　　D.随货出售不单独计价的包装物

6.下列各项中，应计入财务费用的有（　　）。
A.出售产品而发生的现金折扣　　B.购买产品而取得的现金折扣
C.应收票据贴现利息　　D.生产经营周转借款发生的利息支出

7.下列各项中，不应确认为财务费用的有（　　）。
A.企业筹建期间的借款费用　　B.资本化的借款利息支出
C.销售商品发生的商业折扣　　D.支付的银行承兑汇票手续费

8.企业销售商品交纳的下列各项税费，记入“税金及附加”科目的有（　　）。
A.消费税　　B.增值税　　C.环境保护税　　D.城市维护建设税

任务三　利润的核算

一、判断题

1. 企业在年终结转利润后，“本年利润”科目一定没有余额。（　）

2. 企业取得与资产相关的政府补助，应当确认为递延收益，并在该项资产使用寿命期内分期计入当期损益。（　）

3. 政府补助是指企业从政府无偿取得的货币性资产或非货币性资产。（　）

4. 与企业日常活动无关的政府补助列入营业外收入。（　）

5. 在表结法下，平时损益类科目无须结转入“本年利润”科目。（　）

二、单项选择题

1. 下列各项中，应计入营业外支出的是（　）。

A. 保管人员过失造成的原材料净损失　B. 出售无形资产净损失

C. 批准处理的库存现金短少损失　D. 固定资产报废清理发生的净损失

2. 某工业企业本期的营业收入100万元，营业成本50万元，期间费用10万元，投资收益20万元，所得税费用18万元。假定不考虑其他因素，该企业本期营业利润为（　）万元。

A.40　B.42　C.60　D.72

3. 企业取得与日常活动相关的政府补助，用于补偿已发生相关费用的，直接计入（　）。

A. 其他收益　B. 营业外收入　C. 其他业务收入　D. 主营业务收入

4. 下列各项中，不应确认为营业外支出的是（　）。

A. 公益性捐赠支出　B. 无形资产出售损失

C. 固定资产盘亏损失　D. 固定资产报废损失

5. 下列交易或事项，不属于政府补助的是（　）。

A. 财政拨款　B. 财政贴息　C. 税收返还　D. 税收免征

三、多项选择题

1. 下列各项中，会导致当期营业利润减少的有（　）。

A. 出售无形资产发生的净损失　B. 计提行政管理部门固定资产折旧

C. 办理银行承兑汇票支付的手续费　D. 处置交易性金融资产应交增值税

2. 下列各项中，会影响当期营业利润的有（　）。

A. 资产减值损失　B. 营业外支出　C. 投资收益　D. 财务费用

3. 下列各项中，应计入营业外收入的有（　）。

A. 盘盈现金利得　B. 捐赠收入

C. 出售固定资产取得的净收益　D. 罚款收入

4. 下列各项中，应计入营业外支出的有（　）。

A. 无形资产处置损失　B. 存货自然灾害损失

C. 固定资产报废净损失　D. 长期股权投资处置损失

5. 下列各项中，既影响营业利润又影响利润总额的有（　）。

A.投资收益　　B.营业外收入　　C.所得税费用　　D.税金及附加

第三部分　职业实践能力训练

实训一

目的：实训按时点确认收入的核算

资料：甲公司为增值税一般纳税人，增值税税率为13%，商品销售价格不含增值税，在确认销售收入时逐笔结转销售成本。假定不考虑其他相关税费。6月份发生经济业务如下：

（1）6月2日，向乙公司销售A商品1 600件，标价总额为800万元（不含增值税），商品实际成本为480万元。为了促销，甲公司给予乙公司15%的商业折扣并开具了增值税专用发票。甲公司已发出商品，并向银行办理了托收手续。

（2）6月10日，因部分A商品的规格与合同不符，乙公司退回A商品800件，退回商品已验收入库，其余价款收到。

（3）6月15日，甲公司将部分退回的A商品作为福利发放给本公司职工，其中生产工人500件，行政管理人员40件，专设销售机构人员60件，该商品每件市场价格为0.4万元（与计税价格一致），实际成本为0.3万元。

（4）6月20日，收到受托方发来的代销清单，本月代销B商品2 000件，售价是50元/件，成本每件20元，按照售价10%支付手续费。企业已经收到对方扣除手续费后的价款。

（5）6月25日，出售原材料一批，收入100万元，成本68万元，价税款存入银行。

要求：

（1）逐笔编制甲公司上述业务的会计分录。

（2）计算甲公司6月份营业收入总额。

实训二

目的：实训按时段确认收入的核算

资料：乙公司与客户签订了一项工期为1年半的劳务供应合同，合同内容如下：

（1）合同签订日为2023年3月1日。

（2）为取得该合同，乙公司以银行存款支付聘请外部律师费6 000元，为投标而发生差旅费3 000元，支付销售人员佣金36 000元。乙公司预计这些支出未来均能够收回。

（3）合同总收入为600 000元，预计总成本为380 000元。

（4）2023年3月4日，一次性收到客户支付的劳务款300 000元。

（5）至2023年12月31日，实际发生成本247 000元（假定均以银行存款支付）。

（6）合同取得成本按月平均摊销。

要求：

（1）按投入法计算2023年12月31日的劳务完成程度。

（2）计算2023年度应确认的劳务收入和劳务成本。

（3）分别编制与上述业务有关的会计分录。

实训三

目的：实训费用的核算

资料：某企业本月发生下列经济业务：

（1）采购员出差归来，实际报销差旅费4 500元（其中可以抵扣的增值税为180元），以银行存款支付。

（2）本月应付企业管理人员工资为160 000元、销售人员工资90 000元。

（3）本月发生业务招待费22 000元，以转账支票付讫。

（4）购买印花税票500元，以银行存款支付。

（5）以银行存款支付广告费68 000元，增值税4 080元。

（6）摊销本月管理部门使用的无形资产2 700元。

（7）计算应付管理部门、销售机构本月水电费分别为7 380元和2 400元。

（8）计提本月固定资产折旧费6 600元，其中管理部门4 600元，销售机构2 000元。

（9）摊销合同取得成本3 500元。

（10）以银行存款支付本月固定资产修理费4 000元，其中管理部门3 000元、销售机构1 000元。

（11）确认本期应负担的房产税1 800元、车船税1 300元。

（12）支付银行承兑汇票的手续费402.80元（含税）。

（13）计提本月短期借款利息74 800元。

（14）计提长期借款利息54 600元，该借款全部用于企业生产经营活动。

（15）将上述期间费用转入“本年利润”科目。

要求：根据上述经济业务编制会计分录。

实训四

目的：实训利润形成的核算

资料：甲公司为增值税一般纳税人，适用的增值税税率为13%，商品、原材料售价中不含增值税。假定销售商品、原材料和提供劳务均符合收入确认条件，其成本在确认收入时逐笔结转，不考虑其他因素。2023年4月，甲公司发生如下交易或事项：

（1）销售商品一批，按商品标价计算的金额为200万元，由于是成批销售，甲公司给予客户10%的商业折扣并开具了增值税专用发票，款项尚未收回。该批商品实际成本为150万元。

（2）向本公司行政管理人员发放自产产品作为福利，该批产品的实际成本为8万元，市场售价为10万元。

（3）向乙公司转让一项软件的使用权，一次性收取使用费21.2万元（含税）并存入银行，且不再提供后续服务。

（4）销售一批原材料，增值税专用发票注明售价80万元，款项收到并存入银行。该批材料的实际成本为59万元。

（5）将以前会计期间确认的与资产相关的政府补助在本月分配计入当月收益300万元。

（6）确认本月设备安装劳务收入。该设备安装劳务合同总收入为100万元，预计合同总成本为70万元，合同价款在前期签订合同时已收取。采用完工百分比法确认劳务收入。截至本月末，该劳务的累计完工进度为60%，前期已累计确认劳务收入50万元、劳务成本35万元。

（7）以银行存款支付管理费用20万元、财务费用10万元、营业外支出5万元。

要求：

（1）逐笔编制甲公司上述交易或事项的会计分录（“应交税费”科目要写出明细科目及专栏名称）。

（2）计算甲公司4月的营业收入、营业成本、营业利润、利润总额（答案中的金额单位用万元表示）。

实训五

目的：实训利润形成的核算

资料：甲公司系工业企业（一般纳税企业），适用的增值税税率为13%，所得税税率为25%，按资产负债表债务法对所得税进行核算。销售价格均为不含税的价格。按10%提取法定盈余公积。2023年年初未分配利润为80 000元。2023年发生经济业务如下：

（1）销售产品的货款8 000 000元，其中赊销1 000 000元，其余款项收到并存入银行。该产品的实际成本为5 000 000元。

（2）采用分期收款销售方式销售产品，售价为500 000元，实际成本为300 000元。价款分五年等额还清，每年年末支付一次，增值税在产品交付时一次性收取。该批商品在现销的情况下价格为379 000元，当时的资金市场利率为10%。

（3）销售产品1 000件，每件商品的标价为200元，每件成本为120元。由于节日来临，企业为了促销，将该批商品给予客户10%的商业折扣，商品已经发出，价税款已存入银行。

（4）取得出租无形资产的租金收入21 200元（含税）存入银行。转让无形资产的增值税税率为6%。本年应摊销无形资产8 000元。

（5）计提本期债权投资利息（一次还本付息债券）30 000元。

（6）2021年12月购入的一项管理设备，原价910 000元，预计净残值10 000元，预计使用年限5年，按年数总和法计提折旧。计算本年设备折旧费用。

（7）委托丙公司销售材料一批，销售价格100 000元，产品成本70 000元。甲公司本年收到丙公司开来的代销清单，丙公司已将代销的材料全部售出，应付代销手续费10 000元，价款尚未收到。

（8）收到上半年销售退回的产品，销售收入为400 000元，销售成本为250 000元，同时冲减应收账款，商品已入库。

（9）以银行存款支付管理费用560 000元，支付销售费用300 000元，支付其他财务费用167 900元。

（10）计算本年各项收益，并结转到“本年利润”科目。

（11）计算本年各项费用、支出，并结转到“本年利润”科目。

（12）计算本年应交所得税，并结转本年损益（假定企业无其他纳税调整）。

（13）年末股东大会决议，按税后利润的10%提取法定盈余公积，按税后利润的20%分配现金股利。

（14）结转并计算年末未分配利润。

要求：根据上述经济业务编制会计分录。

项目十五

外币业务的核算

第一部分　知识点、技能点回顾

一、外币业务基本知识

（一）记账本位币的确定

记账本位币是指企业经营所处的主要经济环境中的货币。我国《会计法》规定，企业通常应选择人民币作为记账本位币。业务收支以人民币以外的货币为主的企业，可以按规定选定一种货币作为记账本位币，但是编报的财务会计报告应当折算为人民币。

（二）外币及外币交易

外币，是指企业记账本位币以外的货币，包括各种纸币和铸币。它常用于企业间交易、投资等经济活动引起的对外结算业务。

外币交易是以外币计价或者结算的交易。通常企业发生的外币交易包括：（1）买入或卖出以外币计价的商品或劳务；（2）借入或借出外币资金；（3）其他以外币计价或者结算的交易。

（三）外币兑换与外币折算

外币兑换，是指企业将一种货币兑换为另一种货币的经济业务；外币折算是将在外币交易过程中实际使用的外币折算为等值的记账本位币。外币折算不是外币之间的兑换，只是货币表达形式的变更。

（四）汇率及汇兑差额

汇率，也称外汇牌价，是指两种货币相兑换的比率，是一种货币单位用另一种货币单位所表示的价格。汇兑差额，是指企业在进行外币业务会计处理时，由于采用不同的汇率而产生的折算成记账本位币的差额，这种差额作为企业的利得或损失处理。

二、外币交易的会计处理

（一）外币交易的核算程序

（1）按确定的汇率将外币金额折算后的记账本位币金额登记有关账户，同时按照外币金额登记相应的外币账户。

（2）期末，将所有外币货币性项目的外币金额，按照期末即期汇率折算为记账本位币金额，并与原记账本位币金额相比较，其差额记入“财务费用”科目。

（3）结算外币货币性项目时，将其外币结算金额按照当日即期汇率折算为记账本位币金额，并与原记账本位币金额相比较，其差额记入“财务费用”科目。

（二）外币交易的会计处理

（1）外币交易发生日的初始确认

企业发生外币交易的，应在初始确认时采用交易发生日的即期汇率或即期汇率的近似汇率将外币金额折算为记账本位币金额，按照折算后的记账本位币金额登记有关账户；在登记有关记账本位币账户的同时，按照外币金额登记相应的外币账户。

（2）期末调整或结算

资产负债表日，企业应当分别外币货币性项目和外币非货币性项目进行处理，其会计处理见表15-1。

表15-1 外币货币性项目和外币非货币性项目

业务类型		内容	会计处理
外币货币性项目		包括货币性资产和货币性负债项目。货币性资产包括银行存款、应收账款、其他应收款等；货币性负债包括短期借款、应付账款、长期借款、应付债券等	资产负债表日因即期汇率与初始确认时或者前一资产负债表日即期汇率不同而产生的汇兑差额，计入当期损益
外币非货币性项目	以历史成本计量	如固定资产、无形资产、投资性房地产等	资产负债表日不改变其原记账本位币金额，不产生汇兑差额
	成本与可变现净值孰低计量	如存货	先将可变现净值按资产负债表日即期汇率折算为记账本位币金额，再与以记账本位币反映的存货成本进行比较，从而确定该项存货的期末价值
	以公允价值计量	如交易性金融资产、交易性金融负债、其他债权投资、其他权益工具投资等	属于交易性金融资产或负债的，折算后的记账本位币金额与原记账本位币金额之间的差额应作为公允价值变动损益；属于其他债权投资、其他权益工具投资的，汇兑损益差额则应计入其他综合收益

第二部分　职业判断能力训练

任务一　外币业务基本知识

一、判断题

1. 记账本位币是指企业经营所处的主要经济环境中的货币。（　　）
2. 外币交易，是指以外币计价或者结算的交易。（　　）
3. 企业记账本位币一经确定，不得变更。（　　）
4. 即期汇率，通常是指中国人民银行公布的当日人民币外汇牌价。（　　）
5. 企业发生的外币兑换业务交易事项，应当按照交易的买入价或卖出价折算。（　　）
6. 即期汇率的近似汇率，是指按照系统合理的方法确定的、与交易发生日即期汇率近似的汇率，通常采用当期平均汇率或加权平均汇率等。（　　）

7. 企业因经营所处的主要经济环境发生重大变化，确需变更记账本位币的，应当采用合同约定的汇率将所有项目折算为变更后的记账本位币。（　　）

8. 外币折算是将在外币交易过程中实际使用的外币折算为等值的记账本位币。（　　）

二、单项选择题

1. 企业的记账本位币是指（　　）。
   A. 企业经营所处的主要经济环境中的货币
   B. 人民币
   C. 企业总机构所在地使用的货币
   D. 企业主管部门确定的货币

2. 某企业采用人民币作为记账本位币。下列各项不属于该企业外币业务的是（　　）。
   A. 与外国企业发生的以人民币计价结算的购货业务
   B. 与国内企业发生的以美元计价结算的销售业务
   C. 与外国企业发生的以美元计价结算的购货业务
   D. 与中国银行之间发生的美元与人民币的兑换业务

3. 企业记账本位币发生变更的，其比较财务报表应当以（　　）折算所有资产负债表和利润表。
   A. 变更当日的即期汇率　B. 变更当期期初的市场汇率
   C. 即期汇率近似的汇率　D. 可比当日的即期汇率

4. 企业发生外币业务或编制财务报表时所采用的汇率称为（　　）。
   A. 历史汇率　B. 记账汇率　C. 即期汇率　D. 远期汇率

5. 外汇买卖的双方在成交后即办理交割的交易汇率称为（　　）。
   A. 买入汇率　B. 卖出汇率　C. 即期汇率　D. 远期汇率

三、多项选择题

1. 下列各项的说法正确的有（　　）。
   A. 企业记账本位币一经确定，不得随意变更
   B. 我国企业的记账本位币通常是人民币
   C. 业务收支以人民币以外的货币为主的企业，可以按规定选定一种货币作为记账本位币
   D. 企业可以以外币作为记账本位币，但是编报的财务会计报告应当折算为人民币

2. 企业选定记账本位币，应当考虑的因素有（　　）。
   A. 该货币主要影响商品和劳务的销售价格
   B. 该货币主要影响商品和劳务所需人工、材料和其他费用
   C. 融资活动获得的货币
   D. 保存从经营活动中收取款项所使用的货币

3. 汇兑差额主要包括（　　）。
   A. 交易过程中产生的汇兑差额　B. 外币兑换过程中产生的汇兑差额

C.期末外币调整时产生的汇兑差额　　D.签订外币交易合同时产生的汇兑差额

4.按从事外汇经营的银行角度，汇率分为（　　）。

A.买入汇率　　B.卖出汇率　　C.即期汇率　　D.中间汇率

5.下列属于企业发生的外币交易的有（　　）。

A.买入或卖出以外币计价的商品　　B.买入或卖出以外币计价的劳务

C.借入外币资金　　D.借出外币资金

任务二　外币交易的会计处理

一、判断题

1. 企业各外币账户的外币金额采用资产负债表日即期汇率折合为记账本位币的金额，与原账面记账本位币金额之间的差额，均应计入当期损益。（　　）

2. 企业发生收到投入外币资本业务时，在有合同约定汇率的情况下，有关资产和实收资本账户均应按合同约定汇率折合为人民币金额记账。（　　）

3. 在资产负债表日，外币非货币性项目，仍采用交易发生日的即期汇率折算，不改变其记账本位币金额。（　　）

4. 以公允价值计量的外币非货币性项目，采用公允价值确定日的即期汇率折算，折算后的记账本位币金额与原记账本位币金额的差额，计入公允价值变动损益。（　　）

5. 对于以历史成本计量的外币非货币性项目，由于已在交易发生日按当日即期汇率折算，资产负债表日不应改变其原记账本位币金额，不产生汇兑差额。（　　）

6. 对于交易性金融资产等外币非货币性项目，其公允价值变动计入当期损益的，相应的汇率变动的影响计入资本公积。（　　）

二、单项选择题

1.企业在发生外币业务时，下列各项不属于外币账户的是（　　）。

A.短期借款　　B.资本公积　　C.应收账款　　D.应付账款

2.企业在采用交易发生日的即期汇率作为折算汇率的情况下，将人民币兑换成外币时所产生的汇兑损益，是指（　　）。

A.账面汇率与当日市场汇率之差　　B.账面汇率与当日银行卖出价之差

C.银行卖出价与银行买入价之差　　D.银行卖出价与中间价之差

3.某企业将 10 000 美元在银行兑换为人民币，当日美元兑人民币的买入价为 1∶6.95，卖出价 1∶7.11，中间价 1∶7.02；历史汇率 1∶6.89。则该笔外币兑换交易产生的汇兑差额为（　　）元。

A.1 600　　B.700　　C.900　　D.600

4.以公允价值计量的其他权益工具投资，折算后的记账本位币金额与原记账本位币金额之间的差额应作为（　　）。

A.公允价值变动损益　　B.财务费用

C.其他综合收益　　D.资本公积

5.以历史成本计量的、期末调整时不产生汇兑差额的项目是（　　）。

A.固定资产　　B.应收账款　　C.交易性金融资产　　D.银行存款

三、多项选择题

1.下列各项中，属于外币货币性项目的有（　　）。

A.应收账款　　B.短期借款　　C.应付债券　　D.应交税费

2.企业将记账本位币人民币兑换成欧元，所涉及的汇率有（　　）。

A.买入汇率　　B.卖出汇率　　C.中间汇率　　D.账面汇率

3.企业的下列外币业务中，在业务发生时即可能产生汇兑差额的有（　　）。

A.外币借贷业务　　B.企业将外币出售给银行

C.企业从银行买入外币　　D.以外币结算的购销业务

4.如果本期外币汇率持续上升，期末会产生汇兑收益的外币账户有（　　）。

A.应收账款　　B.银行存款　　C.应付账款　　D.短期借款

5.期末，在计算确定外币货币性项目的汇兑损益时，涉及的汇率有（　　）。

A.资产负债表日的即期汇率　　B.资产负债表日的账面汇率

C.初始确认时的即期汇率　　D.前一资产负债表日的即期汇率

第三部分　职业实践能力训练

实训一

目的：实训外币交易的会计处理

资料：甲公司以人民币为记账本位币，对外币业务采用交易日即期汇率折算，属于增值税一般纳税人。

（1）2023年1月20日，以人民币银行存款偿还2022年11月应付账款100万美元，银行当日卖出价为1美元=6.78元人民币，银行当日买入价为1美元=6.68元人民币，交易发生日的即期汇率为1美元=6.74元人民币。2023年1月1日，历史汇率为1美元=6.80元人民币。

（2）2023年2月20日，收到某公司偿还的应收账款500万美元，交易发生日的即期汇率为1美元=6.78元人民币。2023年1月1日，历史汇率为1美元=6.80元人民币。

（3）2023年10月20日，当日即期汇率是1美元=6.80元人民币，以0.2万美元每台的价格从美国购入国际最新型号的健身器材500台（该健身器材在国内市场尚无供应），并于当日支付了美元存款。按照规定计算应缴纳的进口关税为7万元人民币，支付的进口增值税为91.91万元人民币。

（4）2023年10月25日以每股6.5港元的价格购入乙公司的H股500万股作为交易性金融资产，另支付交易费用10万港元，当日即期汇率为1港元=0.85元人民币，款项已用港元支付。

（5）2023年12月31日，健身器材库存尚有100台，国内市场仍无健身器材供应，其在国际市场的价格已降至0.18万美元/台。12月31日的即期汇率是1美元=6.8元人民币。假定不考虑增值税等相关税费。

（6）2023年12月31日，乙公司H股的市价为每股6港元，当日即期汇率为1港元=1.2元人民币。

要求：

（1）编制2023年1月20日以人民币银行存款偿还应付账款的会计分录。

（2）编制2023年2月20日收到应收账款的会计分录。

（3）编制2023年10月20日购入国际健身器材的会计分录。

（4）编制2023年10月25日购入交易性金融资产的会计分录。

（5）编制2023年12月31日对健身器材计提存货跌价准备的会计分录。

（6）编制2023年12月31日有关交易性金融资产公允价值变动的会计分录。

实训二

目的：实训外币交易的会计处理

资料：宏达有限责任公司的外币交易采用交易发生时的市场汇率进行折算，并按月计算汇兑损益。2023年11月30日，市场汇率为1美元=6.5元人民币。有关外币账户期末余额见表15-2。

表15-2 外币账户期末余额

项目	外币账户金额（美元）	汇率	记账本位币金额（元人民币）
银行存款	500	6.5	3 250
应收账款	20	6.5	130
应付账款	10	6.5	65
长期借款	80	6.5	520

宏达公司12月份发生如下外币业务（假设不考虑有关税费）：

（1）12月2日，宏达公司以每股5美元的价格购入甲公司的股票100万股，作为交易性金融资产核算，当日的市场汇率为1美元=6.46元人民币，款项已用美元支付。

（2）12月10日，宏达公司对外销售一批商品，售价为30万美元，当日的市场汇率为1美元=6.6元人民币，款项尚未收到。

（3）12月16日，收到国外的投资500万美元，合同约定的汇率为1美元=6.8元人民币，款项已收到，当日的市场汇率为1美元=6.53元人民币。

（4）12月20日，宏达公司购入一批原材料，该批原材料的价款为50万美元，款项尚未支付，当日的市场汇率为1美元=6.56元人民币。

（5）12月23日，宏达公司收到应收货款20万美元，款项已存入银行，当日的市场汇率为1美元=6.55元人民币。

（6）12月31日，计提长期借款利息为5万美元，利息尚未支付，该项长期借款是在2023年1月1日借入的，用于建造固定资产，到期一次还本付息，该项固定资产在2023年1月1日已开始建造，2023年年末尚未完工。

（7）12月31日，当月购入的甲公司的股票公允价值为每股4.6美元，当日的市场汇率为1美元=6.56元人民币。

要求：

（1）编制上述业务的相关会计分录；

（2）计算期末汇兑损益并作出相关的账务处理。（假定不考虑税费的影响）

项目十六

财务会计报告的编制

第一部分 知识点、技能点回顾

一、资产负债表的编制

（一）资产负债表的概念及内容

资产负债表是指反映企业在某一特定日期的财务状况的报表。资产负债表主要反映资产、负债和所有者权益三方面的内容，并满足“资产=负债+所有者权益”平衡式。

（二）资产负债表的格式

我国企业的资产负债表采用账户式结构。账户式资产负债表分左右两方，左方为资产项目，大体按资产的流动性大小排列，右方为负债及所有者权益项目，一般按要求清偿时间的先后顺序排列。账户式资产负债表中的资产各项目的合计等于负债和所有者权益各项目的合计，即资产负债表左方和右方平衡。

（三）资产负债表项目的填列方法

资产负债表的“期末余额”栏内各项数字的填列方法如下：

（1）根据总账科目的余额填列。

（2）根据有关明细科目的余额计算填列。

（3）根据总账科目和明细科目的余额分析计算填列。

（4）根据有关科目余额减去其备抵科目余额后的净额填列。

（5）综合运用上述填列方法分析填列。

二、利润表的编制

（一）利润表的概念及内容

利润表是指反映企业在一定会计期间的经营成果的报表。利润表的格式主要有多步式和单步式两种，我国企业利润表采用多步式格式。

（二）利润表的编制

利润表各项目均需填列“本期金额”和“上期金额”两栏。利润表“本期金额”“上期金额”栏内各项数字除“每股收益”项目外，应当按照相关科目的发生额分析填列。

三、现金流量表的编制

（一）现金流量表的概念及分类

现金流量表是指反映企业在一定会计期间现金和现金等价物流入和流出的报表。现金流量表是以现金为基础编制的，这里的现金是广义的概念，它包括现金及现金等价物。

现金流量是指现金及现金等价物的流入和流出，可划分为经营活动产生的现金流量、投资活动产生的现金流量和筹资活动产生的现金流量三类。

（二）现金流量表的编制方法

在具体编制现金流量表时，企业可根据业务量的大小及复杂程度，采用工作底稿法、T形账户法，或直接根据有关科目的记录分析填列各项目。

四、所有者权益变动表的基本知识

（一）所有者权益变动表的概念和作用

所有者权益变动表是指反映构成所有者权益的各组成部分当期的增减变动及结余情况的报表。

所有者权益变动表既可以为报表使用者提供所有者权益总量增减变动的信息，也能为其提供所有者权益增减变动的结构性信息，特别是能够让报表使用者理解所有者权益增减变动的根源。

（二）所有者权益变动表的结构

在所有者权益变动表中，企业至少应当单独列示反映下列信息的项目：

（1）上年年末余额及会计政策变更和前期差错更正的累积影响金额。

（2）本年年初余额。

（3）本年增减变动金额。包括综合收益总额（净利润、其他综合收益）、所有者投入资本和减少资本、利润分配（提取盈余公积、对所有者分配利润等）。

（4）本年年末余额。

五、附注的基本知识

（一）附注的含义及作用

附注是为便于会计报表使用者理解会计报表的内容而对会计报表的编制基础、编制依据、编制原则和方法及重要项目所作的解释。

附注是财务会计报告的一个重要组成部分。编制和披露会计报表附注，是改善会计报表的一种重要手段，是充分披露原则的体现。

（二）我国会计报表附注的内容

企业应当按照规定披露附注信息，主要包括下列内容：

（1）企业的基本情况；

（2）财务报表的编制基础；

（3）遵循企业会计准则的声明；

（4）重要会计政策和会计估计；

（5）会计政策和会计估计变更以及差错更正的说明；

（6）报表重要项目的说明；

（7）或有和承诺事项、资产负债表日后非调整事项、关联方关系及其交易等需要说明的事项；

（8）有助于财务报表使用者评价企业管理资本的目标、政策及程序的信息。

第二部分　职业判断能力训练

任务一　资产负债表的编制

一、判断题

1. 资产负债表是反映企业一定期间的财务状况的报表。（　　）

2. 编制资产负债表的依据是复式记账和借贷记账法。（　　）

3. 资产负债表的格式主要有账户式和报告式两种，我国采用的是账户式。（　　）

4. “在途物资”和“工程物资”应列入资产负债表中“存货”项目。（　　）

5. 在编制资产负债表时，“实收资本”项目和“盈余公积”项目都根据其明细科目余额计算填列。（　　）

6. “应收账款”科目所属明细科目期末有贷方余额，应在资产负债表“预收款项”项目内填列。（　　）

7. 资产负债表中“固定资产”项目应根据“固定资产”科目余额直接填列。（　　）

8. “债权投资”项目，反映资产负债表日企业以摊余成本计量的长期债权投资的期末账面价值。（　　）

9. “使用权资产”项目，反映资产负债表日出租人企业持有的使用权资产的期末账面价值。（　　）

10. “应付债券”项目，反映企业为筹集长期资金而发行的债券本金和利息。（　　）

二、单项选择题

1. 下列各项属于流动资产项目的是（　　）。

A. 合同资产　　B. 在建工程
C. 其他权益工具投资　　D. 使用权资产

2. 资产负债表中，根据总账科目期末余额直接填列的项目是（　　）。

A. 短期借款　　B. 应收票据　　C. 货币资金　　D. 存货

3. “预收账款”科目所属明细科目期末有借方余额，应在资产负债表（　　）项目内填列。

A. 预付款项　　B. 应付账款　　C. 应收账款　　D. 预收款项

4. 反映资产负债表日以公允价值计量且其变动计入其他综合收益的应收票据和应收账款的项目是（　　）。

A. 应收账款　　B. 应收票据　　C. 预付款项　　D. 应收款项融资

5. 企业购入的以公允价值计量且其变动计入其他综合收益的一年内到期的债权投资的期末账面价值，在（　　）项目反映。

A. 持有待售资产　　B. 其他非流动金融资产
C. 其他流动资产　　D. 一年内到期的非流动资产

6.“工程物资”科目的期末余额应列入资产负债表中的（　　）项目。

A.工程物资　　B.在建工程

C.固定资产　　D.其他非流动资产

7.企业持有的一年内到期的债权投资应在资产负债表的（　　）项目列示。

A.其他非流动资产　　B.债权投资

C.一年内到期的非流动资产　　D.交易性金融资产

8.在资产负债表中，反映高危行业企业按国家规定提取的安全生产费的期末账面价值的项目是（　　）。

A.使用权资产　　B.在建工程　　C.专项应付款　　D.专项储备

三、多项选择题

1.下列各项属于企业非流动资产的有（　　）。

A.交易性金融资产　　B.债权投资

C.长期股权投资　　D.无形资产

2.下列各项属于非流动负债的有（　　）。

A.应付债券　　B.应付股利

C.长期应付款　　D.应付职工薪酬

3.资产负债表中可以根据有关科目的期末余额直接填列的项目有（　　）。

A.应交税费　　B.实收资本

C.应付职工薪酬　　D.短期借款

4.下列各项中，可能影响资产负债表中“预付款项”项目金额的有（　　）。

A.预收账款　　B.应收账款

C.应付账款　　D.预付账款

5.资产负债表中的“存货”项目反映的内容包括（　　）。

A.发出商品　　B.材料成本差异

C.委托加工物资　　D.生产成本

6.资产负债表中的“其他应收款”项目反映的内容包括（　　）。

A.应收股利　　B.应收利息

C.其他应收款　　D.坏账准备

7.下列各项中，影响资产负债表中的“长期应付款”项目金额的有（　　）。

A.长期应付款　　B.专项应付款

C.其他应付款　　D.未确认融资费用

8.资产负债表中的“其他应付款”项目应根据（　　）科目的期末余额计算填列。

A.应付股利　　B.应付利息　　C.其他应付款　　D.专项应付款

任务二　利润表的编制

一、判断题

1.利润表中的各项目应根据有关损益类账户的本期发生额分析计算填列。（　　）

2. 利润表中“营业成本”项目，反映企业销售产品和提供劳务等主要经营业务发生的成本。（　　）

3. 企业利润表中的利润总额由营业利润和营业外收支净额组成。（　　）

4. 利润表中“税金及附加”项目，反映企业经营业务应负担的消费税、增值税、城市建设维护税、资源税、土地增值税和教育费附加等。（　　）

5. 利润表是反映企业一定期间经营成果的会计报表。（　　）

6. 信用减值损失和资产减值损失都会影响企业的营业利润。（　　）

7. “研发费用”项目，反映企业进行研究与开发过程中发生的资本化支出以及计入管理费用的自行开发无形资产的摊销。（　　）

8. 净利润是指营业利润减去所得税费用后的金额。（　　）

二、单项选择题

1. 利润表中各项目的主要数据来源是根据（　　）。

A. 损益类各账户的本期发生额　B. 所有者权益类各账户的期末余额

C. 资产、负债类各账户的本期发生额　D. 损益类各账户的期末余额

2. 为了具体反映利润的形成情况，我国现行的利润表的结构一般采用（　　）。

A. 单步式　B. 多步式　C. 账户式　D. 报告式

3. 下列各项中，对企业利润总额没有影响的是（　　）。

A. 投资收益　B. 营业外支出　C. 资产减值损失　D. 所得税费用

4. 企业发生的利息收入应该计入利润表中的（　　）项目。

A. 投资收益　B. 财务费用　C. 管理费用　D. 其他收益

5. 企业本月利润表中的营业收入为450 000元，营业成本为216 000元，税金及附加为9 000元，管理费用为10 000元，财务费用为5 000元，销售费用为8 000元，营业外收入为5 000元，则营业利润为（　　）元。

A.217 000　B.225 000　C.207 000　D.202 000

三、多项选择题

1. 下列各项属于利润表中应当单独列示项目的有（　　）。

A. 营业收入　B. 投资收益　C. 研发费用　D. 其他收益

2. 下列各项中，应在期末将其发生额转入“本年利润”科目的有（　　）。

A. 主营业务收入　B. 制造费用　C. 管理费用　D. 营业外收入

3. 下列各项中，影响营业利润的科目有（　　）。

A. “投资收益”　B. “其他业务成本”

C. “营业外支出”　D. “信用减值损失”

4. 下列各项中，能够影响企业当期利润表中营业利润的有（　　）。

A. 出售原材料取得的收入　B. 无法支付的应付账款

C. 计算应缴纳的增值税　D. 支付办公费

5. 利润表中的“营业成本”项目填列的依据有（　　）。

A. “营业外支出”发生额　B. “主营业务成本”发生额

C. “其他业务成本”发生额　D. “税金及附加”发生额

6.应通过“信用减值损失”科目核算的有（　　）。

A.计提应收票据的坏账准备　　B.计提应收账款的坏账准备

C.计提存货的跌价准备　　D.计提债权投资的坏账准备

任务三　现金流量表的编制

一、判断题

1. 作为现金流量表编制基础的现金是指现金及现金等价物。（　　）

2. 权益性投资变现的金额通常不确定，因而不属于现金等价物。（　　）

3. 企业应当根据具体情况确定现金等价物的范围，一经确定不得随意变更。（　　）

4. 企业取得的拟在近期出售的股票投资视为现金等价物。（　　）

5. 企业一定期间的现金流量可分为经营活动的现金流量、投资活动的现金流量和筹资活动的现金流量。（　　）

6. 企业销售商品，预收的账款不在“销售商品、提供劳务收到的现金”项目反映。（　　）

7. 企业分得的股票股利可在“取得投资收益收到的现金”项目反映。（　　）

8. 融资租入固定资产支付的租赁费，在经营活动产生的现金流量反映。（　　）

二、单项选择题

1.下列各项中，会引起现金流量表“经营活动产生的现金流量净额”项目发生增减变动的是（　　）。

A.偿还长期借款的现金流出　　B.收取现金股利的现金流入

C.购置固定资产的现金流出　　D.购买日常办公用品的现金流出

2.下列各项属于企业现金流量表“经营活动产生的现金流量”的是（　　）。

A.收到的现金股利　　B.支付的银行借款利息

C.收到的设备处置价款　　D.支付的经营租赁租金

3.下列各项属于企业现金流量表中“筹资活动产生的现金流量”的是（　　）。

A.取得借款收到的现金　　B.支付的职工薪酬

C.处置固定资产收回的现金净额　　D.收到的现金股利

4.下列各项中，引起现金流量净额变动的项目是（　　）。

A.将现金存入银行　　B.用银行存款购买1个月到期的债券

C.用固定资产抵偿债务　　D.用银行存款归还短期借款

5.下列各项中，企业可以作为现金等价物核算的是（　　）。

A.银行承兑汇票　　B.权益性投资

C.交易性金融资产　　D.2个月到期的国债投资

6.下列各项中，不影响企业现金流量的业务是（　　）。

A.取得短期借款　　B.支付现金股利

C.偿还长期借款　　D.以固定资产对外投资

7.应收票据贴现属于（　　）。

A.经营活动产生的现金流量　　B.投资活动产生的现金流量

C.筹资活动产生的现金流量　　　　D.不涉及现金收支的筹资活动

8.企业偿还的长期借款利息，在编制现金流量表时，应作为（　　）项目填列。

A.偿还债务支付的现金　　　　B.分配股利、利润或偿付利息支付的现金

C.取得借款收到的现金　　　　D.偿还借款支付的现金

9.编制现金流量表时，本期退回的增值税应在（　　）项目中反映。

A.“支付的各项税费”　　　　B.“支付其他与经营活动有关的现金”

C.“收到的税费返还”　　　　D.“收到其他与经营活动有关的现金”

10.企业计提的折旧（　　）。

A.在投资活动的现金流量中反映　　　　B.在筹资活动的现金流量中反映

C.在经营活动的现金流量中反映　　　　D.不属于现金流量表反映的内容

三、多项选择题

1.下列各项中，影响企业现金流量表中“现金及现金等价物净增加额”项目金额的有（　　）。

A.以现金购买2个月到期的国债　　　　B.以银行存款支付职工薪酬

C.将库存现金存入银行　　　　D.收到出租资产的租金

2.下列各项属于现金流量表中“现金及现金等价物”的有（　　）。

A.库存现金　　　　B.银行本票存款

C.银行承兑汇票　　　　D.持有2个月内到期的国债

3.下列各项属于现金流量表中“现金及现金等价物”的有（　　）。

A.银行汇票存款　　　　B.债权投资

C.信用卡存款　　　　D.交易性金融资产

4.下列各项属于投资活动产生的现金流量的有（　　）。

A.支付的现金股利　　　　B.支付的业务招待费

C.出售无形资产收到的现金　　　　D.支付在建工程人员的薪酬

5.下列各项属于现金流量表中“经营活动产生的现金流量”的有（　　）。

A.偿还到期的应付票据　　　　B.销售商品收到的现金

C.购买商品支付的现金　　　　D.支付行政人员差旅费

6.下列各项属于现金流量表中“筹资活动产生的现金流量”的有（　　）。

A.吸收投资收到的现金　　　　B.分配利润支付的现金

C.取得借款收到的现金　　　　D.收到的现金股利

任务四　所有者权益变动表的基本知识

一、判断题

1.所有者权益变动表是反映构成所有者权益各组成部分当期增减变动情况的报表。（　　）

2.所有者权益变动表应当以矩阵的形式列示。（　　）

3.所有者权益变动表属于动态报表。（　　）

4.在所有者权益变动表中，应单独列示“利润总额”项目。（　　）

5. 所有者权益变动表各项目再分为“本年金额”和“上年金额”两栏分别填列。（ ）

二、单项选择题

1. 下列各项不属于所有者权益变动表中应单独列示的项目是（ ）。

A. 提取盈余公积　B. 利润总额

C. 综合收益总额　D. 盈余公积补亏

2. 所有者权益变动表“上年金额”栏各项数字，应根据（ ）栏内所列数字填列。

A. 上年度“本年金额”　B. 上年度“上年金额”

C. 本年度“本年金额”　D. 本年度“实际金额”

3. 下列各项属于所有者权益变动表项目的是（ ）。

A. 专项储备　B. 专项应付款　C. 递延收益　D. 使用权资产

三、多项选择题

1. 下列各项属于所有者权益变动表单独列示的项目有（ ）。

A. 提取盈余公积　B. 综合收益总额

C. 当年实现的净利润　D. 资本公积转增资本

2. 下列各项属于企业所有者权益变动表中应单独列示的项目有（ ）。

A. 资本公积转增资本　B. 盈余公积补亏

C. 提取盈余公积　D. 会计政策变更

3. 在所有者权益变动表中，“本年金额”栏目的项目包括（ ）。

A. 实收资本（或股本）　B. 资本公积

C. 盈余公积　D. 未分配利润

任务五　附注的基本知识

一、判断题

1. 企业股东大会审议批准的利润分配方案中应分配的现金股利，在支付前不作账务处理，但应在报表附注中披露。（ ）

2. 附注是财务报表不可或缺的组成部分，是对会计报表未能说明事项的具体描述。（ ）

3. 企业一般是在持续经营基础上编制财务报表。（ ）

二、单项选择题

1. 下列各项中，关于财务报表附注的表述不正确的是（ ）。

A. 附注中包括对财务报表重要项目的说明

B. 对未能在财务报表中列示的项目在附注中说明

C. 如果没有需要披露的重大事项，企业不必编制附注

D. 附注中包括会计政策和会计估计变更以及差错更正的说明

2. 资产负债表日后的非调整事项，应在（ ）中披露。

A. 资产负债表　B. 现金流量表

C.会计报表附注　D.所有者权益变动表

3.企业与关联方发生关联方交易的，不必披露的项目是（　　）。

A.该关联方关系的性质　B.该关联方关系的交易类型

C.该关联方关系的交易要素　D.该关联方关系的企业名称

三、多项选择题

1.企业会计报表附注应包括（　　）。

A.企业基本情况　B.财务报表的编制基础

C.遵循企业会计准则的声明　D.重要的会计政策和会计估计

2.下列各项属于附注中“企业基本情况”的有（　　）。

A. 企业注册地、组织形式和总部地址

B. 企业的业务性质和主要经营活动

C. 母公司以及集团最终母公司的名称

D. 财务报告的批准报出者和财务报告批准报出日

3.下列各项关于“重要的会计政策和会计估计”的说法正确的有（　　）。

A. 企业应当披露采用的重要会计政策和会计估计

B. 企业应当披露重要会计政策的确定依据

C. 企业应当披露财务报表项目的计量基础

D. 企业应当披露会计估计中所采用的关键假设和不确定性因素

第三部分　职业实践能力训练

实训一

目的：实训资产负债表的编制

资料：甲公司为增值税一般纳税人，增值税税率为13%，存货采用实际成本核算。2023年11月30日的科目余额表见表16-1。

表16-1　科目余额表　单位：元

科目名称	借方余额	贷方余额
库存现金	6 000	
银行存款	100 000	
其他货币资金	34 000	
交易性金融资产	50 000	
应收票据	70 000	
应收账款	28 000	
坏账准备		4 200
原材料	12 000	

续表

科目名称	借方余额	贷方余额
库存商品	80 000	
周转材料	2 200	
存货跌价准备		2 800
固定资产	100 000	
累计折旧		30 000
无形资产	18 000	
累计摊销		2 000
债权投资	10 800	
短期借款		200 000
应付票据		35 000
预收账款		20 000
长期借款		80 000
实收资本		120 000
盈余公积		7 000
未分配利润		10 000
合　计	511 000	511 000

注：（1）“债权投资”为2022年1月1日购买的3年期、每年计息到期一次还本付息的国库券，面值10 000元，票面利率4%，市场利率4%。（2）“长期借款”科目余额30 000元为一年内到期的非流动负债。

甲公司12月份发生业务如下：

（1）本月销售商品共计售价50 000元，增值税税额6 500元，款项尚未收到。商品成本为42 000元（不考虑其他税费）。

（2）收回以前年度已核销的坏账2 000元。

（3）向承包商预付工程款13 000元。

（4）接受其他企业投资的不需要安装的设备一台，该设备评估确认的售价为32 000元，增值税4 160元。

（5）计提本月固定资产折旧2 500元、无形资产摊销1 000元，均计入管理费用。

（6）用银行存款支付其他管理费用4 000元。

（7）用银行存款偿还短期借款11 000元。

（8）商业汇票到期，收回价款50 000元。

（9）购入材料30 000元，增值税3 900元，价款以银行存款支付，材料已入库。

（10）年末按应收账款余额的1%计提坏账准备。

（11）按实际利率确认本年债权投资的投资收益。

（12）月末，交易性金融资产公允价值为56 000元。

要求：

（1）逐题编制会计分录。

（2）编制甲公司12月31日资产负债表，见表16-2。

表16-2　　资产负债表（简表）　　会企01表

编制单位：　　年　月　日　　单位：元

资　产	期末余额	上期期末余额	负债及所有者权益（或股东权益）	期末余额	上期期末余额
流动资产：			流动负债：		
货币资金			短期借款		
交易性金融资产			应付票据		
应收票据			应付账款		
应收账款			预收款项		
预付款项			应付职工薪酬		
其他应收款			应交税费		
存货			其他应付款		
一年内到期的非流动资产			一年内到期的非流动负债		
流动资产合计			流动负债合计		
非流动资产：			非流动负债：		
债权投资			长期借款		
其他债权投资			长期应付款		
长期股权投资			非流动负债合计		
固定资产			负债合计		
在建工程			所有者权益（或股东权益）：		
无形资产			实收资本（或股本）		
开发支出			资本公积		
长期待摊费用			盈余公积		
非流动资产合计			未分配利润		
			所有者权益（或股东权益）合计		
资产总计			负债及所有者权益（或股东权益）总计		

实训二

目的：实训资产负债表的编制

资料：乙公司2023年12月31日的有关资料如下：

（1）科目余额表见表16-3。

表16-3 科目余额表 单位：元

科目名称	借方余额	贷方余额
库存现金	10 000	
银行存款	57 000	
应收票据	60 000	
应收账款	80 000	
预付账款	30 000	
坏账准备——应收账款		5 000
原材料	70 000	
周转材料	10 000	
发出商品	90 000	
材料成本差异		5 000
存货跌价准备		10 000
库存商品	100 000	
应收股利	1 000	
固定资产	800 000	
累计折旧		340 000
在建工程	40 000	
无形资产	150 000	
累计摊销		20 000
长期待摊费用	10 000	
短期借款		10 000
应付账款		70 000
预收账款		10 000
应付职工薪酬		4 000
应交税费		13 000
应付利息		1 000
长期借款		140 000
实收资本		500 000
盈余公积		180 000
未分配利润		200 000
合计	1 508 000	1 508 000

（2）债权债务明细科目余额。

应收账款明细资料如下：

应收账款——A 公司　借方余额 100 000 元

应收账款——B 公司　贷方余额 20 000 元

应付账款明细资料如下：

应付账款——E 公司　贷方余额 100 000元

应付账款——F 公司　借方余额 30 000元

预收账款明细资料如下：

预收账款——G 公司　贷方余额 40 000元

预收账款——H 公司　借方余额 30 000元

（3）长期待摊费用共2笔，金额及期限如下：

① 经营租入固定资产改良支出7 000元，期限从2022年10月起2年摊销完毕。

② 其他长期待摊费用3 000元，期限从2023年8月起2年摊销完毕。

（4）长期借款共2笔，均为到期一次性还本付息，金额及期限如下：

① 从中国工商银行借入3年期60 000元，期限从2021年6月1日至2024年6月1日。

② 从建设银行借入3年期80 000元，期限从2022年8月1日至2025年8月1日。

要求：编制乙公司2023年12月31日的资产负债表（见表16-4）。

表16-4　资产负债表（简表）

会企01表

编制单位：　　年　月　日　　单位：元

资产	期末余额	负债及所有者权益（或股东权益）	期末余额
流动资产：		流动负债：	
货币资金		短期借款	
应收票据		应付账款	
应收账款		预收款项	
预付款项		应付职工薪酬	
其他应收款		应交税费	
存货		其他应付款	
一年内到期的非流动资产		一年内到期的非流动负债	
流动资产合计		流动负债合计	
非流动资产：		非流动负债：	
债权投资		长期借款	
其他债权投资		应付债券	
长期股权投资		非流动负债合计	
固定资产		负债合计	
在建工程		所有者权益（或股东权益）：	
无形资产		实收资本（或股本）	

续表

资产	期末余额	负债及所有者权益（或股东权益）	期末余额
长期待摊费用		资本公积	
非流动资产合计		盈余公积	
		未分配利润	
		所有者权益（或股东权益）合计	
资产总计		负债及所有者权益（或股东权益）总计	

实训三

目的：实训利润表的编制

资料：A公司为增值税一般纳税人，所得税税率是25%，年末一次确认全年所得税费用。商品、材料销售均不含增值税，商品、材料销售成本随销售收入的确认逐笔结转，本年利润采用表结法核算。有关资料如下：

2023年1月至11月A公司损益类科目累计发生额见表16-5。

表16-5 2023年1月至11月A公司损益类科目累计发生额 单位：万元

科目名称	借方发生额	贷方发生额	科目名称	借方发生额	贷方发生额
主营业务收入		1 650	销售费用	42	
主营业务成本	1 320		管理费用	38	
其他业务收入		160	财务费用	19	
其他业务成本	85		营业外收入		90
税金及附加	26		营业外支出	78	

2023年12月份A公司发生下列交易或事项：

（1）12月5日，向乙公司销售商品一批，开出的增值税专用发票上注明的价款为60万元，增值税税额为7.8万元，销售商品实际成本为45万元。提货单和增值税专用发票已交购货方，并收到购货方开出的商业承兑汇票。

（2）12月10日，向丙公司销售A材料一批。该批材料的销售价格为5万元，增值税税额为0.65万元，销售材料实际成本为4万元。A材料已发出，销售款项存入银行。

（3）12月18日，结转出售固定资产净收益8万元。

（4）12月31日，计提公司管理部门固定资产折旧5万元，摊销公司管理部门用无形资产成本8万元。

（5）12月31日，确认本月应交的城市维护建设税2万元、教育费附加1万元。

（6）12月31日，确认本年所得税费用75万元。

假定除上述资料外，不考虑其他相关因素。

要求：

（1）根据上述（1）至（6）项业务，编制A公司相应的会计分录。

（2）编制A公司2023年度利润表（见表16-6）。

表16-6　　利润表（简表）　　会企02表

编制单位：　　年　月　　单位：万元

项　目	本期金额
一、营业收入	
减：营业成本	
税金及附加	
销售费用	
管理费用	
研发费用	
财务费用	
加：其他收益	
投资收益（损失以“—”号填列）	
公允价值变动收益（损失以“—”号填列）	
信用减值损失（损失以“—”号填列）	
资产减值损失（损失以“—”号填列）	
资产处置收益（损失以“—”号填列）	
二、营业利润（亏损以“—”号填列）	
加：营业外收入	
减：营业外支出	
三、利润总额（亏损总额以“—”号填列）	
减：所得税费用	
四、净利润（净亏损以“—”号填列）	

实训四

目的：实训利润表的编制

资料：明珠公司为增值税一般纳税人，企业所得税税率为25%，不考虑其他相关税费。商品销售价格中均不含增值税税额，商品销售成本按发生的经济业务逐项结转。除特别指明外，所售资产均未计提减值准备。明珠公司2023年12月发生的经济业务及相关资料如下：

（1）12月1日，向A公司销售商品一批，增值税专用发票上注明销售价格为500万元，增值税65万元。提货单和增值税专用发票已交A公司，款项尚未收取。为及时收回货款，给予A公司的现金折扣条件如下："2/10，n/30"（计算现金折扣时不考虑增值税）。按照以往经验，付款方在10天内付款的概率为90%。该批商品的实际成本为350万元。

（2）12月5日，收到B公司来函，要求对当年11月10日所购商品在销售价格上给予10%的折让（明珠公司在该批商品售出时，已确认销售收入100万元，但款项尚未收取）。经查核，该批商品存在外观质量问题。明珠公司同意了B公司提出的折让要求。当日，收到B公司交来的税务机关开具的索取折让证明单，并开具红字增值税专用发票。

（3）12月9日，收到（1）中A公司支付的货款，并存入银行。

（4）12月12日，与C公司签订一项专利技术使用权转让合同。合同规定，C公司有偿使用明珠公司的该项专利技术，一次性支付使用费150万元，增值税9万元；明珠公司在合同签订日提供该专利技术资料，不提供后续服务。与该项交易有关的手续已办妥，从C公司收取的使用费已存入银行。该无形资产的摊销额为20万元。

（5）12月15日与D公司签订一项为其安装设备的合同。合同规定，该设备安装期限为4个月，合同总价款为200万元。合同签订日预收价款50万元，至12月31日，已实际发生安装费用20万元（均为安装人员工资），预计还将发生安装费用80万元。明珠公司按实际发生的成本占总成本的比例确定安装劳务的完工程度，假定该合同的结果能够可靠地估计。

（6）12月22日，销售材料一批，价款为60万元，增值税7.8万元，该材料发出成本为50万元。款项已存入银行。

（7）12月24日，转让交易性金融资产取得转让收入120万元，"交易性金融资产——成本"为90万元，"交易性金融资产——公允价值变动"借方余额为10万元。

（8）计提存货跌价准备6万元，坏账准备4万元。税法规定，计提的各项准备不允许在税前扣除。

（9）除上述经济业务外，本月发生的其他经济业务形成的有关账户发生额见表16-7。

表16-7　　本月发生的其他经济业务形成的有关账户发生额　　单位：元

账户名称	借方发生额	贷方发生额
税金及附加	40 000	
销售费用	60 000	
管理费用	80 000	
财务费用	20 000	
营业外收入		150 000
营业外支出	60 000	

（10）12月31日，计算交纳本月应交所得税（假定本月除以上事项外无其他纳税调整事项）。

要求：

（1）编制明珠公司上述（1）～（8）和（10）项经济业务相关的会计分录（“应交税费”科目要求写出明细科目及专栏名称）。

（2）编制明珠公司2023年12月份的利润表（见表16-8）。

表16-8　　利润表（简表）　　会企02表

编制单位：　　年　月　　单位：元

项　　目	本期金额
一、营业收入	
减：营业成本	
税金及附加	
销售费用	
管理费用	
研发费用	
财务费用	
加：其他收益	
投资收益（损失以“—”号填列）	
公允价值变动收益（损失以“—”号填列）	
信用减值损失（损失以“—”号填列）	
资产减值损失（损失以“—”号填列）	
资产处置收益（损失以“—”号填列）	
二、营业利润（亏损以“—”号填列）	
加：营业外收入	
减：营业外支出	
三、利润总额（亏损总额以“—”号填列）	
减：所得税费用	
四、净利润（净亏损以“—”号填列）	

实训五

目的：实训现金流量表的编制

资料：B公司2023年度有关会计资料如下：

（1）资产负债表和利润表（见表16-9和表16-10）。

表16-9　资产负债表（简表）

编制单位：B公司　　2023年12月31日　　单位：元

资　产	期末余额	上期期末余额	负债及所有者权益（或股东权益）	期末余额	上期期末余额
流动资产：			流动负债：		
货币资金	1 061 810	1 200 000	短期借款	780 000	680 000
交易性金融资产		25 000	应付账款	192 000	192 000
应收账款	530 430	299 100	其他应付款	11 400	11 400
其他应收款	4 000	4 000	应付职工薪酬	20 900	9 700
存货	613 400	580 000	应交税费	24 800	
流动资产合计	2 209 640	2 108 100	一年内到期的非流动负债		200 000
非流动资产：			流动负债合计	1 029 100	1 093 100
债权投资			非流动负债：		
其他债权投资			长期借款	310 000	300 000
长期股权投资	250 000	250 000	非流动负债合计	310 000	300 000
固定资产	1 138 000	1 080 000	负债合计	1 339 100	1 393 100
在建工程			所有者权益（或股东权益）：		
无形资产	42 000	48 000	实收资本（或股本）	2 000 000	2 000 000
长期待摊费用			资本公积	92 831	62 000
其他非流动资产	10 000	12 000	盈余公积	13 000	13 000
非流动资产合计	1 440 000	1 390 000	未分配利润	204 709	30 000
			所有者权益（或股东权益）合计	2 310 540	2 105 000
资产总计	3 649 640	3 498 100	负债及所有者权益（或股东权益）总计	3 649 640	3 498 100

表16-10　　利润表（简表）

编制单位：B公司　　2023年度　　单位：元

项　目	本期金额	上期金额
一、营业收入	600 000	（本栏略）
减：营业成本	220 000	
税金及附加	10 000	
销售费用	20 000	
管理费用	72 300	
财务费用	16 000	
加：投资收益	32 000	
二、营业利润	293 700	
加：营业外收入		
减：营业外支出	1 700	
三、利润总额	292 000	
减：所得税费用	86 460	
四、净利润	205 540	

（2）利润表有关资料：

① 销售费用为企业支付的产品销售费用20 000元。

② 管理费用的组成：工资20 000元、福利费2 800元、折旧费17 670元、无形资产摊销6 000元、长期待摊费用摊销2 000元、支付的其他费用23 830元。

③ 财务费用的组成：支付的短期借款利息6 000元、应计的长期借款利息费用10 000元。

④ 投资收益的组成：收到股息收入30 000元、转让短期投资收益2 000元。

⑤ 营业外支出的组成：报废车床一台，原价50 000元，已计提折旧48 000元，支付清理费用500元，收到残值收入800元。

（3）资产负债表有关资料：

① 坏账准备年初数900元，年末数3 570元，本年未发生坏账收回。

② 转让交易性金融资产账面价值25 000元，收到价款27 000元。

③ 存货中含有本年发生的生产成本、制造费用为：工资60 000元、福利费8 400元、折旧费25 000元。无其他费用发生。

④ 用银行存款购买固定资产100 000元。

⑤ 应交税费的组成：发生的增值税销项税额102 000元、进项税额27 200元、支付的增值税50 000元、所得税86 460元、城建税7 000元。

⑥ 本期用现金支付教育费附加3 000元。

⑦ 本期向银行借入短期借款300 000元，偿还短期借款200 000元。

要求：根据以上资料计算现金流量表中的下列指标（见表16-11）。

表16-11 现金流量表中的部分指标计算 单位：元

序号	项目名称	金额
1	销售商品、提供劳务收到的现金	
2	购买商品、提供劳务支付的现金	
3	支付给职工以及为职工支付的现金	
4	支付的各项税费	
5	支付其他与经营活动有关的现金	
6	收回投资收到的现金	
7	取得投资收益收到的现金	
8	处置固定资产、无形资产和其他长期资产收到的现金净额	
9	购建固定资产、无形资产和其他长期资产支付的现金	
10	取得借款收到的现金	
11	偿还债务支付的现金	
12	分配股利、利润和偿付利息支付的现金	

附录

企业财务会计模拟试题（资产部分）

一、名词解释（本题共8分，每小题2分）

1.历史成本 2.存货 3.非货币性资产交换 4.无形资产

二、单项选择题（本题共15分，每小题1分。多选、错选、不选，均不得分）

1.投资企业持有交易性金融资产期间对于被投资单位宣告的现金股利，应（ ）。

A.计入投资收益 B.冲减应收股利

C.不进行账务处理 D.冲减交易性金融资产成本

2.下列各项不属于金融资产的是（ ）。

A.应收利息 B.应收票据 C.预付账款 D.其他应收款

3.企业发生的库存现金短少，经批准列入的会计科目为（ ）。

A.“营业外支出” B.“财务费用” C.“销售费用” D.“管理费用”

4.下列各项不属于“其他货币资金”的是（ ）。

A.银行汇票存款 B.银行本票存款 C.备用金 D.信用卡存款

5.某企业为增值税小规模纳税企业。该企业购入甲材料600千克，每千克含税单价为50元，发生运杂费2 000元，运输途中发生合理损耗10千克，入库前发生挑选整理费用200元。该批甲材料的入账价值为（ ）元。

A.30 000 B.32 000 C.32 200 D.32 700

6.企业发生的原材料盘亏或毁损损失中，不应作为管理费用列支的是（ ）。

A.自然灾害造成的存货净损失 B.管理不善造成的盘亏损失

C.保管中发生的定额内自然损耗 D.收发计量差错造成的盘亏损失

7.采用权益法核算时，下列各项会引起投资企业长期股权投资账面价值发生增减变化的是（ ）。

A.被投资企业提取盈余公积 B.被投资企业用盈余公积转增资本

C.被投资企业宣告分派股票股利 D.被投资企业宣告分派现金股利

8.企业计提应收账款的坏账准备，应借记（ ）科目，贷记“坏账准备”科目。

A.“资产减值损失” B.“管理费用”

C.“信用减值损失” D.“营业外支出”

9.企业管理用无形资产的摊销，一般应计入（ ）。

A.管理费用 B.财务费用 C.销售费用 D.其他业务成本

10.企业出售无形资产发生的净损失，应计入（ ）。

A.营业外支出 B.其他业务成本 C.主营业务成本 D.资产处置损益

11.在实际成本核算法下，不利于存货日常管理的发出存货计价方法是（ ）。

A.先进先出法 B.个别计价法

C.月末一次加权平均法 D.移动加权平均法

12.下列各项不应列入资产成本的是（ ）。

A.支付的土地出让金　　B.购买材料发生的途中合理损耗
C.购入固定资产支付的运费　　D.购买交易性金融资产发生的手续费

13.转让金融资产应交增值税时，应借记（　）科目，贷记“应交税费”科目。
A.“税金及附加”　B.“投资收益”　C.“管理费用”　D.“其他收益”

14.企业将款项汇往外地开立采购专户时，应借记的会计科目是（　）。
A.“材料采购”　B.“在途物资”　C.“预付账款”　D.“其他货币资金”

15.已确认减值损失在处置前可以转回的是（　）。
A.应收账款减值损失　　B.固定资产减值损失
C.长期股权投资减值损失　　D.无形资产减值损失

三、多项选择题（本题共10分，每小题2分。多选、错选均不得分）

1.下列各项中，应计入增值税一般纳税人购进货物成本的项目有（　）。
A.买价　B.进口关税　C.运杂费　D.增值税进项税额

2.影响固定资产折旧的因素包括（　）。
A.固定资产历史成本　　B.预计净残值
C.预计使用寿命　　D.固定资产减值准备

3.无形资产摊销时，可能涉及的会计科目有（　）。
A.“管理费用”　B.“销售费用”　C.“制造费用”　D.“其他业务成本”

4.在权益法下，影响“长期股权投资”账面价值的业务有（　）。
A.被投资单位实现净利润　　B.被投资单位宣告分配现金股利
C.被投资单位提取盈余公积　　D.投资企业计提长期股权投资减值准备

5.下列各项，应通过“固定资产清理”科目核算的有（　）。
A.固定资产的报废　　B.固定资产的出售
C.固定资产的盘亏　　D.固定资产的毁损

四、判断题（本题共10分，每小题1分）

1.在依法申请取得专利权时，应将已计入损益的研究与开发费用予以转回，并计入专利权的入账价值。（　）

2.银行存款余额调节表是调整企业银行存款账面余额的原始凭证。（　）

3.无法查明原因的现金盘盈，经批准后计入营业外收入。（　）

4.企业将商业汇票贴现时，贴现所得金额小于票据面值的差额，应作为财务费用。（　）

5.已计提跌价准备的存货在出售时，应分摊相应的存货跌价准备至营业成本。（　）

6.企业的存货如采用计划成本核算，会计期末应将计划成本调整为实际成本。（　）

7.企业出租无形资产取得的收入应在“其他业务收入”科目核算。（　）

8.在存在商业折扣的情况下，商业折扣影响应收账款的入账金额。（　）

9.企业取得的债权投资发生的交易费用应该计入当期损益。（　）

10.应计折旧额是指应当计提折旧的固定资产的原价扣除其预计净残值和减值准备

后的金额。 ( )

五、计算分析题（本题10分）

A公司从2021年起开始采用应收账款余额百分比法计提坏账准备，计提的比例为1%。现发生如下相关经济业务：

（1）2021年年末“应收账款”余额为300 000元；

（2）2022年发生坏账损失1 000元，年末“应收账款”余额为360 000元；

（3）2023年收回2022年已确认的坏账800元，年末“应收账款”余额为340 000元；

（4）2024年发生坏账损失1 500元，年末“应收账款”余额为320 000元。

要求：

（1）计算2021年应提取的坏账准备；

（2）计算2022年应提取的坏账准备；

（3）计算2023年应提取的坏账准备；

（4）计算2024年应提取的坏账准备。

六、业务处理题（本题30分）

甲公司发生下列经济业务：

（1）填制“信汇凭证”一张，委托开户银行汇往外地某单位，归还欠款4 000元。

（2）因资金需要，将面值为300 000元的商业汇票到银行贴现，贴现息2 600元，贴现净收入存入银行。

（3）销售产品一批，价款30 000元，增值税3 900元，商品发出，当日办妥货款托收手续。

（4）毁损丙材料40千克，实际单位成本30元。现查明原因属于材料保管人员的过失，按规定应由个人赔偿700元，残料价值200元验收入库，其余列为费用。

（5）因一客户破产，导致应收账款2 500元不能收回，经批准确认为坏账。

（6）从本市购入甲材料30吨，每吨1 000元，开出转账支票支付货款及增值税税款（税率为13%），同时以现金300元支付运杂费，材料已验收入库（材料按实际成本核算）。

（7）4月1日以银行存款168 000元买入B公司发行的公司债券作为交易性金融资产，其中，已到付息期但尚未领取的债券利息为8 000元。

（8）购入一条生产线，价值800 000元，增值税104 000元，途中运费4 000元，增值税360元。价款签发商业汇票支付。设备交付生产车间安装。

（9）以银行存款支付设备安装费3 000元，应付安装工人工资1 000元。

（10）结转本月随同产品出售不单独计价的包装物成本6 000元。

要求：根据上述资料编制会计分录，会计分录必须写出明细科目。

七、综合题（本题17分）

京华公司为增值税一般纳税人，采用实际成本进行存货的日常核算。假定运费不考虑增值税。2023年6月1日有关账户的期初余额如下：“在途物资——甲材料”4 000元；“原材料——甲材料”（月初结存5 730千克，单价100元）573 000元。

2023年6月发生下列经济业务：

（1）3日，上月已付款的甲材料40千克，每千克100元全部收到，并验收入库。

（2）8日，从A企业购入甲材料500千克，单价100元，增值税专用发票上注明的增值税6 500元，另外A企业还代垫运费1 300元，增值税117元。全部货款已用银行存款支付，材料已验收入库。

（3）13日，持银行汇票200 000元从C企业购入甲材料1 600千克，单价为102元，增值税专用发票上注明的增值税为21 216元，对方代垫运费2 150元，增值税193.50元，材料尚未到达。

（4）15日，收到从C企业购入的材料，并已验收入库。

（5）17日，收回银行汇票多余票款存入银行。

（6）22日，收到D企业发来的甲材料80千克，并已验收入库。该批材料货款9 300元，增值税1 209元。为购买该批材料，企业已于上月预付货款6 000元，收到材料后，企业用银行存款补付余款。

（7）30日，根据“发料凭证汇总表”，本月领用甲材料汇总情况如下：基本生产车间为产品生产领用5 000千克，车间一般耗用300千克，管理部门领用100千克。

要求：

（1）编制业务（1）至业务（6）的会计分录；

（2）采用月末一次加权平均法计算甲材料的加权平均单价；

（3）计算发出材料的实际成本，并编制业务（7）的会计分录。

企业财务会计模拟试题（非资产部分）

一、名词解释（本题共8分，每小题2分）

1.留存收益　2.利润表　3.暂时性差异　4.借款费用

二、单项选择题（本题共15分，每小题1分。多选、错选、不选，均不得分）

1.企业出租无形资产发生的摊销费用应计入（　　）。

A.制造费用　B.销售费用　C.管理费用　D.其他业务成本

2.下列各项中，不通过“应付职工薪酬”科目进行核算的是（　　）。

A.生产工人工资　B.支付的奖金　C.职工科技发明奖　D.职工福利

3.下列各项中，不通过“应交税费”科目进行核算的是（　　）。

A.印花税　B.房产税　C.车船税　D.城镇土地使用税

4.企业接受现金捐赠时，应借记“银行存款”科目，贷记（　　）科目。

A.“资本公积”　B.“营业外收入”

C.“主营业务收入”　D.“其他收益”

5.下列各项中，影响所有者权益总额增减变动的业务是（　　）。

A.用资本公积转增资本　B.用盈余公积转增资本

C.用盈余公积弥补亏损　D.宣告分派现金股利

6.下列各项不属于会计定义中的收入范围的是（　　）。

A.出租无形资产的租金收入　B.销售商品收入

C.报废固定资产净收入　D.提供劳务收入

7.企业将自己生产的产品500件发放给职工，该产品的生产成本10万元，公允价值15万元，增值税税率为13%，则计入应付职工薪酬的金额为（　　）万元。

A.10　B.11.3　C.15　D.16.95

8.在资产负债表债务法下，为核算企业由于暂时性差异造成的可抵扣暂时性差异对所得税的影响，应借记的科目是（　　）。

A.“所得税费用”　B.“递延所得税资产”

C.“递延所得税负债”　D.“应交税费——应交所得税”

9.企业销售应税产品，按规定应交纳的消费税，借记（　　）科目，贷记“应交税费——应交消费税”科目。

A.税金及附加　B.生产成本　C.管理费用　D.其他业务成本

10.下列各项应计入营业外支出的是（　　）。

A.存货跌价损失　B.报废固定资产净损失

C.出售无形资产净损失　D.坏账损失

11.资产负债表中“应收账款”项目不包括（　　）

A.“应收账款”科目所属明细科目的借方余额

B.“应收账款”科目所属明细科目的贷方余额

C. “坏账准备”科目的期末余额

D. “预收账款”科目所属明细科目的借方余额

12.采用委托代销方式销售产品，委托方确认商品销售收入的时点是（　　）。

A.发出商品时　　B.开出销售发票账单时

C.收到商品销售货款时　　D.收到代销清单时

13.企业下列现金流入中，属于经营活动产生的现金流入的是（　　）。

A.处置固定资产的现金流入　　B.出租固定资产的现金流入

C.接受现金捐赠　　D.出售无形资产的现金流入

14.企业当月交纳当月增值税，应通过（　　）科目核算。

A. “应交税费——应交增值税（已交税金）”

B. “应交税费——未交增值税”

C. “应交税费——应交增值税（转出未交增值税）”

D. “应交税费——应交增值税（转出多交增值税）”

15.下列各项能够反映企业某一特定时点的财务状况的是（　　）。

A.资产负债表　　B.利润表

C.现金流量表　　D.所有者权益变动表

三、多项选择题（本题共10分，每小题2分。多选、错选均不得分）

1.企业按规定应付的借款费用，可能记入的会计科目有（　　）。

A. “研发支出”　　B. “制造费用”

C. “财务费用”　　D. “在建工程”

2.下列各账户余额中，包括在资产负债表“存货”项目中的有（　　）。

A.委托加工物资　B.生产成本　C.工程物资　D.材料成本差异

3.按企业会计制度的规定，下列各项中应列入管理费用核算的有（　　）。

A.计提坏账准备　B.盘盈的材料　C.产品广告费　D.业务招待费

4.下列各项中，产生可抵扣暂时性差异的有（　　）。

A.提取的产品质量保证费用　　B.提取的存货跌价准备

C.提取的固定资产减值准备　　D.交易性金融资产公允价值变动收益

5.根据现行会计制度的规定，下列各项中，可直接根据有关总账余额直接填列的有（　　）。

A.应付票据　　B.交易性金融资产

C.存货　　D.应付职工薪酬

四、判断题（本题共10分，每小题1分）

1.企业对于确实无法支付的应付账款经批准后应计入资本公积。（　　）

2.会计制度规定，企业交纳的各项税金都通过“应交税费”科目核算。（　　）

3. “长期借款”科目的期末余额，反映企业尚未支付的各种长期借款的本金和利息。（　　）

4.超过标准的业务招待费应计入管理费用。（　　）

5. 无论是以税前利润还是以税后利润弥补亏损，会计上均无须作专门的账务处理。
（　　）

6. 企业用盈余公积弥补亏损，所有者权益总额不变，但所有者权益内部各项目之间发生了结构性变动。（　　）

7. 收入能够导致企业所有者权益增加，但导致所有者权益增加的不一定都是收入。
（　　）

8. 企业进行年度结转后，"利润分配"账户应无余额。（　　）

9. 企业发生的应收票据贴现的利息支出业务，属于经营活动现金流量。（　　）

10. 现金流量表是反映企业在某一特定日期财务状况的会计报表。（　　）

五、计算分析题（本题10分）

某公司2023年1月1日开始动工建造一幢厂房，施工期2年。公司于2022年11月1日向银行专门借入2年期借款1 000万元，年利率8%。工程于2023年1月1日开工，资产支出情况为：2023年1月1日支出400万元；2023年7月1日支出300万元。公司将未动用的资金用于短期投资，月投资收益率为0.3%。

要求：根据上述经济业务，进行下列会计处理：

（1）计算该公司2023年借款利息总额；

（2）计算该公司2023年投资收益总额；

（3）计算该公司2023年借款利息费用的资本化金额。

六、业务处理题（本题30分）

甲公司发生下列经济业务：

（1）接受外商投入大型设备，折合人民币500 000元，增值税65 000元，占被投资企业40%的股权。投资当日，被投资企业所有者权益总额为100万元。

（2）将无法支付的D公司的应付账款40 000元予以核销。

（3）经批准用盈余公积转增资本800 000元。

（4）本月应付职工薪酬为134 000元，其中：生产工人工资40 000元、车间管理人员工资12 000元、企业管理人员工资35 000元、销售人员工资47 000元。

（5）销售产品一批，价值40 000元，增值税5 200元，价款和税款已经存入银行。

（6）计算本月应交所得税33 000元，递延所得税资产借方6 600元。

（7）2023年实现净利润60 000元，按规定计提法定盈余公积6 000元，宣告分配现金股利30 000元。

（8）向银行借入3年期借款1 000 000元，已存入银行。

（9）以银行存款支付业务招待费38 000元。

（10）计算本月应付分期付息的长期借款利息10 000元。

要求：根据上述资料编制会计分录，会计分录必须写出明细科目。

七、综合题（本题17分）

WW企业2023年12月末有关损益类账户的发生额见附表-1。

附表-1　　2023年12月末有关损益类账户的发生额　　单位：元

账户名称	借　方	贷　方
主营业务收入		8 740 000
主营业务成本	6 520 000	
税金及附加	46 000	
销售费用	534 000	
管理费用	391 000	
财务费用		18 000
其他业务收入		1 200 000
其他业务成本	880 000	
投资收益		24 000
营业外收入		15 000
营业外支出	21 000	

其中包括：（1）投资收益中含有国库券利息收入4 000元；（2）营业外支出中含有税收罚款支出3 000元。

除上述业务外，企业无其他纳税调整事项。企业所得税税率25%，采用资产负债表债务法进行所得税核算。

要求：

（1）结转损益类账户的发生额到“本年利润”账户；

（2）计算企业应交所得税和净利润；

（3）编制应交所得税和结转所得税的会计分录；

（4）编制2023年度的利润表（见附表-2）。

附表-2　　利润表　　单位：元

项　目	本期金额
一、营业收入	
减：营业成本	
税金及附加	
销售费用	
管理费用	
研发费用	
财务费用	

续表

项 目	本期金额
加：其他收益	
投资收益（损失以“—”号填列）	
公允价值变动收益（损失以“—”号填列）	
信用减值损失（损失以“—”号填列）	
资产减值损失（损失以“—”号填列）	
资产处置收益（损失以“—”号填列）	
二、营业利润（亏损以“—”号填列）	
加：营业外收入	
减：营业外支出	
三、利润总额（亏损总额以“—”号填列）	
减：所得税费用	
四、净利润（净亏损以“—”号填列）	

企业财务会计模拟试题

一、单项选择题（本题共15分，每小题1分。多选、错选、不选，均不得分）

1.在下列资产负债表项目中，可以根据有关总账科目直接填列的是（ ）。

A.存货 B.应付职工薪酬 C.应付账款 D.预收款项

2.取得交易性金融资产发生的交易费用应列入（ ）科目。

A.“投资收益” B.“交易性金融资产”

C.“财务费用” D.“管理费用”

3.下列各项中，符合资产定义的是（ ）。

A.购入的某项专利权 B.经营租入的设备

C.待处理的财产损失 D.专利技术的研究费用

4.按会计准则的规定，下列资产中，不应计提折旧的是（ ）。

A.经营租出的固定资产 B.融资租入的固定资产

C.不需用的固定资产 D.已提足折旧仍继续使用的固定资产

5.下列各项中，能够引起资产和负债同时发生变化的是（ ）。

A.计提固定资产折旧 B.赊购原材料

C.计提长期借款利息 D.接受固定资产投资

6.下列各项中，不影响利润表有关项目的是（ ）。

A.增值税 B.消费税 C.房产税 D.印花税

7.某企业为取得合同发生的成本，应记入的会计科目为（ ）。

A.“劳务成本” B.“合同取得成本”

C.“合同履约成本” D.“合同资产”

8.在发出存货的计价方法中，不利于存货日常管理的计价方法的是（ ）。

A.先进先出法 B.移动加权平均法

C.月末一次加权平均法 D.个别计价法

9.企业取得与经营活动无关的政府补助应记入的会计科目是（ ）。

A.“递延收益” B.“营业外收入” C.“其他收益” D.“其他业务收入”

10.下列各项中，影响所有者权益总额增减变动的业务是（ ）。

A.用资本公积转增资本 B.注销回购的库存股

C.用盈余公积弥补亏损 D.用盈余公积转增资本

11.下列各项属于非流动资产项目的是（ ）。

A.在途物资 B.工程物资 C.合同资产 D.应收账款

12.对期末存货采用成本与可变现净值孰低法计价，其所体现的会计信息质量要求是（ ）。

A.及时性 B.实质重于形式 C.谨慎性 D.可比性

13.企业将生产的产品发放给职工，按规定应交纳的增值税应借记（ ）账户。

A.“税金及附加” B.“主营业务成本”
C.“应付职工薪酬” D.“其他业务成本”

14.下列各项属于筹资活动产生的现金流入的是（ ）。

A.处置固定资产的现金流入 B.出租固定资产的租金收入
C.接受现金捐赠 D.收到的现金股利

15.下列各项属于长期股权投资后续计量方法的是（ ）。

A.工作量法 B.实际利率法 C.成本法 D.完工百分比法

二、多项选择题（本题共10分，每小题2分。多选、错选、不选，均不得分）。

1.下列各项中，应计入管理费用的有（ ）。

A.企业车间支付的业务招待费 B.企业支付的银行承兑汇票手续费
C.企业购买商品时取得的现金折扣 D.企业发生的诉讼费

2.下列各项属于财务会计计量属性的有（ ）。

A.历史成本 B.可变现净值 C.现值 D.公允价值

3.下列各项属于应付职工薪酬的有（ ）。

A.辞退福利 B.职工福利 C.误餐补助 D.住房公积金

4.下列各项中，应列入利润表“资产减值损失”项目的有（ ）。

A.计提的坏账损失 B.计提的固定资产减值损失
C.交易性金融资产价格下跌 D.计提的库存商品跌价损失

5.下列各项中，应通过“其他货币资金”科目核算的有（ ）。

A.签发的商业汇票 B.签发的银行汇票
C.签发的转账支票 D.签发的银行本票

三、判断题（本题共10分，每小题1分）

1. 会计制度规定，企业交纳的各项税金都通过“应交税费”科目核算。 （ ）

2. “短期借款”科目的期末余额，反映企业尚未支付的各种短期借款的本金和利息。 （ ）

3. 按企业会计制度的规定，发生的存货保管、储存费用都计入管理费用。 （ ）

4. 企业可以同时采用实际成本和计划成本对不同的存货进行核算。 （ ）

5. 在资产负债表债务法下，企业的应交所得税与所得税费用往往不相等。 （ ）

6. 固定资产应计提折旧额等于固定资产原值减去预计净残值。 （ ）

7. 企业发生的利得或损失，应列入营业外收入或营业外支出。 （ ）

8. 企业进行年度转账后，“本年利润”账户应无余额。 （ ）

9. 企业支付的所得税，属于经营活动现金流量。 （ ）

10. 企业取得的政府补助应该计入其他收益。 （ ）

四、计算分析题（本题共18分，每小题6分）

1.星河工业公司存货按实际成本计价进行核算。2023年6月1日结存A材料100千克，每千克实际成本100元。本月发生如下经济业务：

（1）3日，购入A材料50千克，每千克实际成本105元，材料已验收入库。

（2）7日，购入A材料70千克，每千克实际成本98元，材料已验收入库。

（3）20日，购入A材料80千克，每千克实际成本110元，材料已验收入库。

（4）本月共发出材料240千克，具体包括：5日，发出80千克；12日，发出130千克；25日，发出30千克。

要求：采用先进先出法计算发出材料和结存材料的实际成本。

2.企业购入的设备于2022年12月12日安装完毕，达到预定可使用状态，其入账价值1 500万元，预计使用5年，预计净残值率5%，采用双倍余额递减法计提折旧。

要求：计算2023—2027年各年应计提折旧额。

3.企业适用的所得税税率为25%，所得税核算采用资产负债表债务法。2023年年初未分配利润贷方余额20万元；本年实现利润总额100万元，其中包括国库券利息收入4万元和支付的税收罚款6万元；除此之外，企业无其他纳税调整事项。

要求：

（1）计算2023年应纳税所得额和应交所得税；

（2）计算2023年净利润和提取的法定盈余公积；

（3）假定当年分配现金股利30万元，计算年末未分配利润余额。

五、业务处理题（本题30分）

甲企业发生下列经济业务：

（1）委托银行签发银行汇票一张，面值100 000元用于采购材料。

（2）销售产品一批，价款30 000元，增值税3 900元，商品发出，当日收到转账支票一张送存银行。

（3）从某小规模纳税企业购买材料一批，发票上注明的价款4 000元，增值税520元，价款以存款支付，材料入库。另以现金支付运杂费130元。

（4）企业收回上年已经核销的坏账准备3 000元。

（5）甲企业以银行存款购买A公司有表决权股份的30%，实际支付价款1 000 000元，另支付相关税费20 000元，能够对A公司施加重大影响，投资时A公司可辨认净资产公允价值为3 000 000元。

（6）本月应付职工薪酬为134 000元，其中：生产工人工资40 000元、车间管理人员工资12 000元、企业管理人员工资35 000元、销售人员工资47 000元。

（7）甲企业2023年4月1日以银行存款168 500元买入B公司于2022年4月1日发行的3年期债券作为交易性金融资产。支付的价款中包括：交易费用1 500元、已到付息期但尚未领取的债券利息8 000元。

（8）甲企业出售一项商标权，该商标权的账面余额10万元，已摊销6万元，取得转让价款4万元存入银行，应交增值税0.24万元。

（9）本月应付长期借款利息50 000元，其中60%符合工程资本化条件。

（10）企业开发一项专利，发生支出60 000元，假定全部为职工薪酬。其中40 000元属于资本化支出，另外20 000元属于费用化支出。

（11）企业以盈余公积弥补亏损100 000元。

（12）企业发行每年付息债券8 000 000元，发行价等于面值，价款已存入银行。

（13）年末，按6%计提应付债券利息，列入当期损益。

（14）领用本单位生产的水泥一批用于工程建设，该批水泥成本为200 000元，公允价格为300 000元，增值税税率为13%。

（15）以银行存款回购本企业股票100万股，回购价4.5元/股。发行时该股票的面值为1元/股。

要求：编制上述经济业务的会计分录，涉及“应交税费”科目的，必须写出明细科目。

六、综合题（本题17分）

甲企业为增值税一般纳税人，2023年发生固定资产业务如下：

（1）2月10日，企业管理部门购入一台不需安装的A设备，取得的增值税专用发票上注明的设备价款为350万元，增值税为45.5万元，另发生运费1.5万元，增值税为0.135万元，款项均以银行存款支付。

（2）A设备经过调试后，于2月26日投入使用，预计使用10年，净残值为15.5万元，决定采用平均年限法计提折旧。

（3）7月15日，企业生产车间购入一台需要安装的B设备，取得的增值税专用发票上注明的设备价款为600万元，增值税为78万元，另发生安装费7万元，款项均以银行存款支付。

（4）8月19日，将B设备投入安装，以银行存款支付安装费3万元。B设备于8月25日达到预定使用状态，并投入使用。

（5）B设备采用工作量法计提折旧，预计净残值为10万元，预计总工时为5万小时。9月，B设备实际使用工时为1 000小时。

要求：

（1）编制甲企业2023年2月10日购入A设备的会计分录；

（2）计算甲企业2023年3月A设备的折旧额并编制会计分录；

（3）编制甲企业2023年7月15日购入B设备的会计分录；

（4）编制甲企业2023年8月安装B设备及其投入使用的会计分录；

（5）计算甲企业2023年9月B设备的折旧额并编制会计分录。

（答案中的金额单位用万元表示）